自閉っ子、深読みしなけりゃうまくいく

ニキ・リンコ＋仲本博子 著

花風社

ニキ・リンコ 

翻訳家。幼いころから違和感を感じながら育ち、30代になって初めてアスペルガー症候群（知的・言語面での遅れを伴わない自閉スペクトラム）と診断される。翻訳・執筆・講演活動を通じて、自閉の内側を語る活動を活発に続ける。主な訳書に『片づけられない女たち』(WAVE出版)、著書に『俺ルール！ 自閉は急に止まれない』がある。藤家寛子との共著『自閉っ子、こういう風にできてます！』は「目からウロコの本！」と評判を呼んだ。老後の夢は高性能の車いすに乗ってお気に入りのイギリス人俳優たちの追っかけをすること。動物に生まれ変わるとしたらワニを希望。

仲本博子（トニママ） 

日本で音楽短大卒業後、渡米。アメリカの大学で音楽の学位を取得。日系アメリカ人三世の夫と結婚し、今はカリフォルニア州のサンノゼに暮らす。音楽教師として私立学校に勤務する一方で、長男トニー（自閉っ子）、次男ケニーの二児の母でもあるという忙しい毎日を過ごしている。夢は音楽を通じて国際交流すること。とくに、障害児・者とコンサートを開くのが長年の夢。岡山県健康の森学園さくらんぼの会　役員理事・国際音楽交流担当。老後は日米のいいところを兼ね備えた老人ホームで暮らしたい。動物に生まれ変わるとしたら鳥を希望。

浅見淳子 取材担当 

編集者・花風社代表取締役。異文化としての自閉者の世界観に興味を覚え、交流を楽しんでいる。老後の夢は、横浜から世界一周の船旅に出て横浜に戻ってくること。地球が丸いのを自分で確かめたい。動物に生まれ変わるとしたらクジラを希望。

マグロ食わんのなら もらうぞ

別の宇宙に突入しちゃったんですな〜

自閉っ子、深読みしなけりゃうまくいく――もくじ

ニキ・リンコさん、特別支援教育に何を望みますか？

花風社　浅見淳子

　二〇〇五年四月、発達障害者支援法が施行されました。

　発達障害の方への生涯にわたる支援の必要性が、公式に認められたのです。

　この流れを受けて、ニキ・リンコさんに講演や執筆の依頼が次々舞い込むようになりました。ニキさんは、メールアドレスを初めとする個人情報を公開していないため、いきおい窓口としてうちの会社にご連絡をいただくことが多くなりました。

「〇月〇日△△△△で講演していただきたいんです。テーマは『当事者として特別支援教育に何を望むか』」

「〇月〇日締め切りで△枚の原稿がいただきたいんです。テーマは『当事者として特別支援教育に何を望むか』」

様々な支援策、とくに学校での特別支援教育、ＩＥＰ（個別教育プログラム）がはじまる中で、いったい何をどうやったらいいのか、手探りの状態が続いているためでしょう。自閉っ子に学校の場でどう接したらいいのか知りたい！　当事者でもあるニキさんの意見を聞きたい！　というお気持ちは、全国から寄せられていました。

自閉スペクトラムの当事者として盛んに活動し、翻訳や執筆、講演活動を通じて自閉の内側を語る仕事を続けているニキ・リンコさん。新しく発達障害者の「生涯にわたる」支援を考えるとき、ぜひ意見を聞いてみたい！　と思うのは当然のことですよね。

依頼側のお気持ちは、よくわかります。

でもこの依頼を伝えたときのニキさんの戸惑いも、私にはわかるのです。

「どうしていったい私にこのテーマが？」

「私がこんなことしゃべっちゃって（書いちゃって）いいんでしょうか？　私に資格があるのかな？」

当時よくニキさんから、こんなご相談があったものでした（ご相談ではなく、単なるつぶやきだったかもしれませんが）。

これはニキさんの謙虚な人柄と、自閉スペクトラムという組み合わせからは、当然出てくる疑問のように私には思えました。

『自閉っ子、こういう風にできてます！』でいみじくも語ったように、自閉のニキさんにとって「見えないものは、ない」。ニキさんにとって、「自分が受けたことのない特別支援教育とかいうもの」を想像してしゃべったり書いたりするのは難しいことのようなのです。

それでも依頼は続きます。そして「当事者の意見が聞きたい」という依頼側の気持ちもわかります。そこで私は、「とっかかり」として、自閉っ子療育、ＩＥＰの先進国といわれているアメリカの事情について取材し、ニキさんに報告して、それに関してあれこれ言ってもらったら、少しは「ニキさんが日本の自閉っ子として、日本の特別支援教育に何を望むか」がわかるのではないかと思いました。

それまでのアメリカ療育事情の紹介のされ方は、私には若干、隔靴掻痒《ものたりないな》の観がありました。たぶん親御さんなど、実際に身内に障害児を持った方の視点からの報告は、「手厚い支援にありがたがるのに忙しい」のだと思います。そのせいで、日本で制度を充実させるために必要な次の二つの情報を決定的に欠いているような気がしていました。

・支援が充実しているのはわかった。でもどうして？　お金はどこから来るの？

アメリカのどこにそんなお金があるの？　双子の赤字はどうしたの？

国民、日本のように貯蓄にはげまないんでしょ？　国も国民も、借金体質なんでしょ？

そもそもアメリカは、ヨーロッパ先進国のような、税金が高くて福祉が充実している「高福祉国家」じゃない。税金の制度も、金持ち優遇だとも聞く。第一、日本人にとっては空気のような存在の「国民皆保険制度」すらない国。とてつもない富裕層がいる反面、貧困層が分厚くて、保険がない貧乏な人は病気になっても病院に行けずに死んでいく国……。

第一「小さな政府」でしょ？　その国でどうして官の仕事の最たるものである福祉が充実できるっていうの？

どうしてその国で、障害児への、とくに日本ではようやくはじまったばかりの発達障害児への手当が厚いの？

・専門家が多いのはわかった。でも、どうして？

専門家になりたいという動機を抱く人が多いのはなぜ？　報酬はどうなってるの？　資格は？　数ある職業の中で、どうして発達障害児のセラピストを選ぶの？

こうしたバックグラウンドを探ってみることなしに、「日本には専門家が少ないから支援が進まない」と嘆いてばかりでは、何も進まないという気がしました。「なぜアメリカには専門家が多くなったのか」を明らかにしないと、これから日本で活用できるヒントにはならないような気がしました。

トニママとの出会い

そんなことを漠然と考えていたときです。トニー君のママ（以下の愛称トニママ）こと仲本博子さんが、「日本に一時帰国します」というメールをくださいました。

その前の年に私はご縁があって、カリフォルニアのサンノゼにいる仲本さんのお宅を訪ね、スクールカウンセラーの方にご紹介いただいていました。

高機能自閉症のトニー君が通う学校のカウンセラーの方です。

進んでいる、と言われる自閉っ子療育事情を知りたいなあ、と思っていたら、ありがたいことにそういう機会に恵まれたのです。

数時間のミーティングを持ったそのときの感想では「日本でそのまま持ってくるのは難しいなあ。国民性に合わないかも」というものでした。なんというか権利意識や、子ども観が違うからです。すばらしいな、と思うところも多々ありましたが、正直に言って「ここまで子どもを無理に型にはめていいのだろうか」「個人主義が徹底しているからできることかも」「親がむやみやたらと子どもを支配し、横暴になる危険はないのだろうか」「療育めぐって訴訟っていうのはなあ」と思ったりもしました。

そう、私がその場で抱いた印象は、意外だと思われるかもしれませんが、「まだ日本の方が個性重視かも。アメリカの方が、矯正がきついかも」というものでした。

「障害は個性ではありません。障害です」と言い切るアメリカの人々に、ちょっとびっくりしました。

それからアメリカ療育事情には若干興味がなくなっていました。

けれども皆さんがニキさんに寄せられる依頼を見るにつれ、「やっぱりやろうかな、アメリカ事情」と思うようになったのです。

「アメリカの療育を手放しで賞賛しなくていい。日本の国民性に合った特別支援教育への道を開くヒントとして、療育先進国と言われるアメリカの事情を紹介し、ニキさんに意見を言ってもらって、日本に合った支援を考えるヒントに広くしていただくような本を作るのはいいかもしれない」と思うようになりました。

そこで帰国中の仲本さんに講演していただいたり、お話を伺ったり、色々ご協力いただくことになったのです。

私の側にも、一回目にアメリカに行ったときとは変化がありました。

その後、日本の親御さんたち、親の会の活動、自治体の取り組みなどを取材する機会にたくさん恵まれたのです。

メールをくださる各地の読者の方々、仕事で知り合った自閉っ子をお持ちの親御さんとも情報交換するようになりました。

そうやって日本にも日本なりの支援制度があること、よりよいものにしていこうという皆さんの地道な努力があることを知りました。

アメリカ流ではないかもしれないけれども、かわいがってかわいがってお子さんを育て、二次障害のない朗らかな成長を見守っているお母様たちとの出会いもありました。

特に、私自身の地元である横浜で様々な会に出席させていただいたのは、大きなヒントをたくさんいただきました。

そうやって自閉っ子のニキさんとハマっ子の私、トニママこと仲本博子さんの三人でこの本を作ることになりました。


あとから考えるとトニママとの出会いもとても恵まれたものでした。


トニママは駐在員の妻として、アメリカに一時的な滞在をされているわけではありません。音楽を学ぼうという意欲を持ってアメリカに渡り、ときには苦学し、ときにはマイノリティとしての試練も味わいながら、あちらで暮らすことを選んだ方です。

日系アメリカ人のデイヴィッドさんと結婚され、トニー君、ケニー君という二人のお子さんの母となりました。自閉児の母であると同時に、私立の学校で音楽を教える先生でもあります。毎日忙しい生活を送っています。

多民族の入り交じるカリフォルニアで、母としてだけではなく社会人としても地に足をつけて生きているトニママは、アメリカの良さを知る一方で、日本の良さもきちんと口に出してくださいます。自分の祖国の良さは、多民族の中で「お客さん」としてではなく「社会人」として競争の中でもまれないと、なかなかわからないという面があります。

その点私たち一般の日本人は、日本の良さが見えにくくもあるのですが。

こういう企画にぴったりと合った方とめぐりあえたなんて、やはり自閉の神様のご加護があったのでしょう。


二〇〇五年夏、トニー君一家は日本にやってきて、トニー君が大好きな車の工場に見学に行ったり（自閉っ子のごたぶんに漏れず、トニー君も乗り物が大好きです）、ご親戚に会ったり、富士山を見たり、楽しい日々を過ごしてアメリカに戻りました。

その間私はアメリカ事情をトニママからたくさん取材し、多くの学びを得る反面「やっぱり、行ってみなければわからない」と思うようになりました。

とくにフシギだったのは、支援制度がどうやら「個人交渉」で勝ち取るもののようなのと、とにかく財源（＄）の問題です。

すごいお金かかっているのかな、と思うと、トニママの口から「とにかくカリフォルニアも財政難で、教育予算は削られて……」といった話も出ます。

映画『華氏９１１』で有名になったマイケル・ムーアの本を読むと「アメリカの公立小学校では、トイレット・ペーパーも買えない」なんて書いてあります。もちろんうのみにする気はありませんが、あれだけ軍事費を使っていたら、たしかにほうぼうで予算が削られてそうです。なのにどうしてこんなに充実した制度があるのでしょうか？

知りたくてたまらなくなりました。

とはいっても、正直言って私にとってアメリカは、あまり行きたくない国です。いや、悪い国だとは思わないのですが、行きたくない事情がありまして……。いえいえ、そうは言っても仕事となれば行きますが、「用事がなければ行きたくない国」なんです。

面白いものもいっぱいある国、アメリカ――別に苦じゃないけど、できれば行きたくない。アメリカに行くとき私はいつも、こういう煮え切らない気持ちをもってしまいます。でもこれは、リッパな用事でしょう。自閉っ子療育事情を取材して、日本の人たちの役に立ててもらうんだ！

こうして私は、ぶつぶつ言いながら飛び立つことになったのでした。

あんまり行きたくないアメリカに行くワケ

リーン、リーン（電話のベルの音）。

親デバイド

花風社　もしもし、ニキさん？　こんにちは、浅見です。明日からアメリカに行ってきますね。ほら、あのトニママに会いに。現地の日本人の方のご配慮で、スケジュールもぎっしり入れていただいたし。

ニキ　行ってらっしゃい。おつかれさまです。

ニキさんとして、これは知りたい！　っていうこと何かありますか？

そうですね。やっぱりアメリカでは「親デバイド」が解消されているのかどうか知りたいですね～。

「親デバイド」？　デバイドって、「デジタル・デバイド」とかのあれですか？

分け目っていうのが元々の意味ですが。「デジタル・デバイド」っていうのは、ＩＴ技術を生活に取り入れているかどうかで、情報その他生活上のメリットに開きができてしまうという現象を指していますよね。

そう。今の日本には「親デバイド」があると思うんですよ。

自閉っ子の親御さんたちの中には、すごく優秀な親御さんいますよね。

ニキさんも一文を寄せた『とことんこのこにこだわって』という本を作ったお母様たちみたいな、ですね。『レイルマン』にせよ『ぼくらの発達障害者支援法』にせよ、読むと日本にはすばらしい親御さんがいらっしゃるのを実感しますね。

障害のある子と世をはかなんで心中しちゃうケースとか、悲惨なことばかりが報道される一方で、本当にお子さんをよく観察して子育てを楽しんでいらっしゃる親御さんもたくさんいることを、私も読者の方々との交流を通じて感じています。

そうですよね。

子どもの障害を受け入れがたくて、初めに「こうなってほしい」を抱いて、それをごりごり子どもに押しつけるんじゃなくて、「どうなるのがこの子にはいいんだろう」を柔軟に考えられる親御さん。そして何より、子どもの障害というか、「どこが弱いか」を受け入れられる親御さん。そういう方たちはたしかにいらっしゃいます。

でも一方で、「うちの子はどこも悪くありません！」と言い張って障害を受け入れずに、子どもに必要な支援を受けさせられない人や、自分の理想像に子どもをあてはめようとしている人もいます。それが「親デバイド」です。どういう親なのかで、子どもがよくなるかならないか決まってしまうでしょう。

たしかに。ニキさんは「俺ルール」とか「ハイパーりちぎ」とかネーミングが上手ですが、「親デバイド」もわかりやすい言葉ですね。

療育先進国と呼ばれるアメリカだったらこの「親デバイド」が解消されているのかどうか、浅見さんにはそれを見てきてほしいです。

わかりました。見てきますね。本当はあんまり行きたくないんですけど……。

食べ物と遺伝子

浅見さん、どうしてそんなにアメリカ行くのためらうんですか？

なんというか、とにかくあの国の食べ物と合わないんですよ、私。味がおおざっぱで油っぽい。やけに塩辛いものもあると思えば、なんだか全体に薄い甘い膜がかかっているみたいなものも多い。フレッシュなものが食べられない。パスタはフォークで切れる程ぐちゃぐちゃ。全体に調理に気を遣わないですよね。火加減とか、季節感とか、気をつけてない気がするんです。
ピザとかハンバーガーとかはたしかにおいしいんだろうけど、もうこの年になると大好物とは言えないし。食いしん坊で、食事が生活の大切な要素である私にとって、アメリカに行くっていうのは一大決心がいるんです。大好きな生魚と温野菜なしに暮らすだけでも悲しいのに、「まずくないもの」を探すのに神経使って……。

たしかにアメリカ人がアメリカ人向けに作って出す料理はまずいですよね。私はレストランに入るとき、ギリシャ料理とかレバノン料理とかのレストランに入ったりするけど。

そうそう。私もニューヨークとかボストンとか、とりあえず人が歩ける街では自分の二本の脚を使ってエスニック系とか、とにかくアメリカ的ではないものを食べに行きます。でも今度私が行くのはサンノゼで、車でないと大きく動けません。で、私は車運転しないから、ちょっとブルーなんですね。

私はアメリカに行ったときテイクアウトですませることもありますよ。

ニキさんも食いしん坊だけど、たぶん私とは違う種類なんだと思います。『自閉っ子、こういう風にできてます!』でもその話題は出ましたけど、ニキさんはいわゆる栄養補助食品で一食過ごすのも平気だ、成分が決まっていて箱に書いてあって安心する、っていうじゃないですか。私には考えられないです。毎食、楽しみたいほうなので。遊びで旅行の行き先を選ぶときには、行った先でおいしいものが食べられるかどうかがかなり大きな要素になります。

アメリカの食って、「携行食」や「野戦食」、「非常食」の方向に特化してる感じがしますよね。昼休みをゆっくり確保しないで、机から離れずに片手で食べる食べ物。「短期決戦の間、食べる楽しみに気を散らされないで、何かに専念したい」という気分のときには向いてる気がします。ただ、打ち上げの日や祝日のごちそうがそれじゃ絶対いやですけど。

週日の朝やお昼なんてのは、各アイテムがまずいのも雑刺激になるから邪魔だけど、豪華だとそれも雑刺激になっちゃいます。水や空気のようにとまでいうと行きすぎだけど、気にならない程度においしくて、かつ、地味で目だたない物が一番、ペースを乱されなくて「迷惑が軽い」と思う。だから、弁当が簡素というコンセプトは好きです。ただ、これで各アイテムさえおいしければねえ～。私は、サンドイッチとかブリトーとかラップとか、片手で食べられるアイテムとの親和性が高いんですよね。手が不器用な割りに、お箸とかフォークとかナイフとかをきれいに使うことにこだわりがあって、そういう道具を使った食事だとそっちにエネルギー使ってじゅうぶん味わえないんです。その点、手で食べられるものはよく味がわかるんですよ。

ニキさん保存食も平気ですよね。私はだめだけど。

それはやっぱり体力と関係ありますよね。私の場合は毎日一から調理したり、外に食べに行くだけの元気があるとは限らないですから。でもそういうときほっとくとジャンクフードですましてしまいそうだから、野菜や魚を冷凍保存したりしてます。保存食に助けられます。

北海道では寒くなると大根十本単位で売ってます。ニシン漬けに必要なので。私は暑さに弱く寒さに強いという飼育適温からして、やっぱり北方系の遺伝子が強いと思うので、保存食を受け付けやすいんじゃないですかね。燻製や醱酵品も大好きですし。

なるほど！　飼育適温二十八度、高温多湿大好きの私はきっと、南方系なんでしょうね。きっと先祖も体力があって、毎日舟出して魚釣りに行っていたのかもしれませんね。多少海が荒れていても、食欲が勝っちゃったりして。だから、前の日調理した物とかを食べたがらないのかもしれない。高温多湿の環境で生きてきた遺伝子が「残り物は食べるなよ」って警告しているのかも。

色々な人がいる

そういう違いって、確実にありますよね。私の場合はたまたまアメリカの食との相性が浅見さんほど悪くないけど、本当に体質の違いですよね。

自閉っ子の皆さんの場合、体質の違いを極端に持っていることがあるんでしょうね。で、アメリカみたいな多民族国家だと、そういう違いがあるっていう事実を受け入れやすい気はしますね。

そうかもしれませんね。色々な人がいるから。

多民族環境って大きいですよ。アジアンリゾートのプールサイドで一日ぼーっとしていると、結構民族によって特徴がわかります。ヨーロッパから来た人は泳がない。一日中身体を焼いている。椅子をくるくるまわして、ちょっとでも光線の強い方に向けて必死に焼いている。

せちがらいですね。

そう。見てて大変だな~と思います。でも北欧の光線不足の国から来た人なんかにとっては、健康にかかわる重大な問題なのかもしれません。それにたいして、アジア系の私たちは必死に日陰を探します。みなそれぞれですよ。いい、悪いじゃなくて、「違う」。その違いが面白いです。自閉っ子の皆さんと接するときも同じなんだけど、私はそういう違いを見るのが好きな人間みたいですね。だから自閉っ子の本を作るのが好きなのと同じように、アジアのリゾート地も好きですね。食事もおいしいし。

　で、アメリカは居ながらにして色々な違う人たちがいるわけだから、自閉っ子の違いにも寛容になれるのかも、という気はしますよ。

　ニキさんはアメリカに住みたいとかは思わないですか？　食べ物の問題をクリアできるのなら、違いに寛容な社会に住みたいな、とか。

思わないです。宅配便の時間指定とかある方がありがたいし。公共交通機関も便利な方がいい。

実は日本ってけっこういい

そうなんですよね。代金引換システムなんかも、家から動きにくい人にはとても便利なんじゃないでしょうか。今の日本って、生活の便利さという点で、世界の中で奇跡のような存在だと私は思います。アメリカにもヨーロッパにも自動販売機はあまりないですよね。置いておいても壊されちゃうから。コンビニだってもともとアメリカが発祥の地なのに、今は治安の関係で数が減ってしまったし、日本みたいに公共料金は支払えるわお芝居のチケットは買えるわお金はおろせるわ、っていう進化型コンビニは考えられないですよね。それに携帯電話。ＧＰＳもついてるし、介護タクシーと連携したサービスなんかもありますよね。言語のコミュニケーションが不得意な人のためにアイコン搭載機も開発されつつあるらしいし、日本の治安とハイテクと事務能力が障害者の方のＱＯＬに役立っている部分って、実はかなりあるんじゃないかと思います。

他の国って、本当に日本に比べると不便なところ多いですよ。たとえ先進国といえども。私は「ドイツにワールドカップ見に行きたい！」っていう人には「金曜の夜水買っておいたほうがいいよ」ってアドバイスするんです。

水？

そうです。だって水道の水飲めないし、土日は店が休みだし、自動販売機もあまりないし、コンビニもないんで。するとびっくりされるんですけど。絆創膏とか電池とか、そういうのも買っておいたほうがいいかな。週末切れると大変だから。

まあ、ありそうな話ですよね。日本だって田舎行くと一軒しかない店がしっかり定休日とったりするし。自分が働く立場だったら、休みだとありがたいかもしれないけど。

便利さに慣れている立場としては、非常に不便に感じるわけです。交代でいいから開けといてよ、と思ってしまう。どこへ行っても人が少なくてサービス今ひとつで、みんなで不便さを我慢して、短時間労働の割りに人を雇うと社会保険等にたくさんお金がかかるから雇用者は人を雇うのに慎重で、失業率も慢性的に高くて治安が悪化、とヨーロッパの社会にも矛盾を感じることあります。もっとも最近は土曜日の午前中やっている店もあるらしいけど。

金曜日買い損ねたら、土曜日早起きするわけだ。

そうです。だからね、今の日本って、実を言うと住みやすい国なんですよ。少なくとも、定型発達の人にとっては。定型じゃない発達の人にとっても住みやすい国になるといいと思っているんですけどね。でも定型発達の人に住みやすい国だっていうことは、定型じゃない人にとってもマイナスの要素にはならないはずで。

たしかに、定型発達の人に余裕がないと、なかなか困っている人にまで気が回らないですよね。私も、定型発達の人に余裕持ってもらいたいです。

もちろん定型発達の人のＱＯＬも上げなくちゃいけないけど、その前に「世界的に見て、日本はけっこういいんだよ」っていうことは思い出してもらいたいですね。なんだかんだ言って、私たちは全人類六十億の中の、奇跡のように豊かで便利な暮らしを享受している一億三千万人なんだから（少なくとも今のところは）、もっと困っている人に優しくなろうよ、人間としてそれくらいのプライド持とうよ、っていうところでしょうか。

へええ。そう言えばハリケーンのときとか、アメリカなんかすごいことになっていましたね。マイノリティの人とか、貧しい人とか取り残されて。

あれはアメリカのいいところも悪いところもいっぺんに出た感じの天災でしたね。老朽化した防災施設を予算がつかないからと放って置いて、いざ天災が来ると弱者を切り捨てにして、救援がもたついて、老人を見捨てて逃げる養老施設の人たちとかいて、現場では暴動が起こって、軍が出動しようにもイラクにいってて留守で。一方でハリウッドスターとかそういう人たちが次々巨額の寄付をして。

でも、でも……。障害者福祉の話になると、まるで福祉と関係ない人なんかに「日本には金ないんだよ」って言われるんですけど、アメリカの障害児教育が整備されているっていうことは、やっぱりお金があるからでしょう？

そこがまたわからないところで。

というと？

アメリカは世界第一位の経済大国で、だけど対外債務国ですね。つまり、アメリカじゃない国からたくさんお金を借りてます。半分くらいの借金は国外からしていて、日本はその中でも大口の貸し手です。日本は貿易部門も投資部門も黒字で、世界第二位の経済大国で、しかも対外債権国です。日本政府の借金はほとんど自国民から借りていて、数パーセントしか外国から借りていません。

そうなの？

そうです。これは国家機密でもなんでもなく、しょっちゅう新聞に書いてあることですけどね。

どうしてなんだろう？

フシギですよね、普通に金融の素人の頭で考えると。で、金融のプロ、みたいな人たちに訊くと、だいたい三つくらいの意見に集約されるんですけど。

1　金利に魅力があるよね、やっぱり。日本今ゼロ金利だし。

2　だってしょうがないじゃない。日本が貸してやんなきゃつぶれるじゃない、あの国。
3　国内にお金の使い道ないし。
　まあ何か、理由があるんだと思うんですけど。

そうなんでしょうね。何か理由があるんでしょうね。アメリカに貯金しているつもりなのかな？

わからない。アメリカも軍事力があるから、借金していて平気なのかもしれないし。とにかく私は、「お金借りている国の自閉っ子」がそれほどいい療育を受けているのなら「お金を貸している国の自閉っ子」はもっといい療育を受けてほしいと思います。ですから、アメリカに取材しに行ってきます。

行ってらっしゃい。お気をつけて。

まずはトニママに話を聞いてきますね。トニー君はニキさんと同じで、すごく素直でかわいい自閉っ子ですよ。

話題は食のことになるんだけど…

なぜってそりゃ味が大雑把で油っこいんだもん

ところが意外というかニキマウスはアメリカの食事がわりと平気らしく〜

それというのも自閉っ子にとっておいしさ以外のアイテムとして

普段は食いしん坊のあさみフラワーもアメリカンフードはけっこう苦手

南方系出身の遺伝子が強いのか日にちの経ったものだとなおさらダメ

北方系の遺伝子が強いのか野菜や魚などの冷凍保存にせっせと励む

食べる道具にエネルギーを費さないってえのも大切なことなんだそーですわ…

そーいえば
ギリシャ料理やレバノン料理ってーのも
ペースト状のものが多く
食べる道具に気を使わないでも
いいものが多いですね〜

ピタパンに魚のペーストをはさんで食べるレバノン料理…

〈トニママ、語る　パート1〉
早く診断受けてよかった

トニー誕生

一九九三年八月。

長男トニーは日本の関東地方で生まれました。

私は日本生まれの日本人。夫のデイヴィッドは日系アメリカ人三世。私の留学中にアメリカで知り合い結婚しました。

結婚後しばらく、私は音楽の大学に通っていたため出産は遅く、三十代後半でようやく授かった息子でした。当時、夫の転勤で日本に住んでいました。

息子を授かったときの気持ちを思いだしてみます。

まずは、「よかった……」とほっとし、あとからじわじわと喜びがやってきました。

親の愛は無償だと言いますが、それまで長い間子どもがなく好き勝手に生きてきた自分が、こんなに人を愛せるなんて想像していませんでした。

これまでは、自分の世代のことしか考えていなかったのに、次世代までどうか平和でありますようにと願うようになりました。音楽家にしていっしょに演奏したいとか、バイリンガルに育てたいとか、親のエゴが入ったような望みもたくさん抱きました。

無償の愛情、自分勝手かもしれないけれども子どもの将来にかける希望――どこの親御さんも子どもを授かったときに感じるような様々な思いが、私の胸の中にも、たくさんありました。

公園デビュー

年子で次男のケニーも誕生し、新米ママの子育ては日本で始まりました。

トニーも次男もアメリカ人ですし、いずれアメリカに帰る予定ではありましたが、私は息子たちに日本語も身につけてもらいたいと思っていたので、日本語で親子のコミュニケーションをとっていました。

そして、ふつうの日本人の親子のように「公園デビュー」もしました。

けれどもここで、トニーが「ちょっとふつうの子と違うのではないか」と気づくことになったのです。

人に興味がない我が子

公園には何組もの親子が集まります。子どもたちが遊ぶのを見守りながら、お母さん同士でおしゃべりをします。

けれどもここまでやって来ても、他の子と遊ばずに、むしろ通り過ぎていく車の方をじっと興味深そうに見ているトニーを見て、私の胸に不安がよぎりました。「この子はどこかおかしい。ふつうと違う」

同時に、人よりモノの方に興味を感じているらしい息子の姿を見て、もしかして大物？　と強気になったりもしました。当時、近所でコープの宅配を注文していましたが、毎週商品が届くと三歳のトニーが「ハイ、紀文のはんぺん」とか言って品物の仕分けをしたりするのです。

近所の人からユニーク！　天才だわ！　とおだてられていい気になったりもしました。でも字は読めるのに話し言葉がない。歌は歌えるのにどうもその意味が全然わかっていないよう。何者だこいつ!?　やっぱりふつうじゃない……。

視線が合わないこととか、言葉が遅いことなどにはそれまでにも気がついていました。その不安を夫に訴えても「心配しすぎだ」と言われるだけでしたが、私の中では日に日に強くなっていきました。

日本には一歳半検診というすばらしいシステムがあります。その場でも自分の抱えていた心配を訴えましたが「もう少し様子を見ましょう」と言われただけでした。

心配しすぎでもいい

我が子がどこか違うという感覚を、私はぬぐうことができませんでした。

もしかしたら何も問題はないのかもしれない。夫の言うように心配しすぎているだけかもしれない。

でも私は、心配しすぎでもいい、と思いました。

何事もなかったのなら「よかったね」ですませればいい。でも何か問題があるのなら、親として最良の方法を採りたいと考えました。

それにはまず診断してもらわなければなりません。問題が突き止められなければ、手だてがとれないからです。その頃私は無知でした。問題が突き止められたなら、なんらかの治療ができるし、そうなれば治ると信じていたのです。

そこから病院探しが始まりました。

診断がつかない！

まずは自分が出産した産婦人科に相談しました。そこから病院を紹介してもらい、大学病院も訪ねました。けれどもどこでも、はっきりとした診断はもらえませんでした。

今思えば、九〇年代前半の日本では、まだ発達障害についてあまり知られていなかったのでしょう。今でも少ない専門家も、もっと数が少なかったのかもしれません。

「自閉傾向」「知的な遅れかも」「様子見ましょう」——

どこでもこう言われましたが、私は納得できませんでした。

最後には地元の大学の教育学部に連絡をとりました。「何もできないけれど、つれてきてもらえればこちらの勉強になるかも」と言われました。とにかく専門家の意見が聞きたかった私は、「どうぞ見てやってください」という感じで連れて行きました。

私は焦っていました。

いつまで様子を見たら「自閉傾向」から「自閉症」になるのだろう?
いつまで様子を見たら「知的な遅れかも」から「知的な遅れ」になるのだろう?
私は早く問題を突き止めて療育をはじめたかった。どうにかしたかったのです。

アメリカの友人には診断がついた

アメリカに住んでいる日本人の友人で、ちょうど同じ頃にアメリカで出産した人がいました。彼女の子どもも、うちの長男と同じような特性を見せていました。言葉が遅い、視線が合わない、人に興味がない、などです。

ところがそのお子さんとうちの子には決定的な違いが出てきました。

なぜならあちらは、あっという間に「high-functioning autism」(高機能自閉症)という診断がつき、あっという間に療育プログラムが始まったからです。

そして療育の成果が、目に見えて上がってきたのです。言葉も増え、問題行動も減っていったようでした。

high-functioning(高機能)という言葉を聞いたのは、そのときが初めてでした。耳慣れないのでアメリカ人の夫に訊いても、「そんな英語聞いたことがない」と言われました。

友人の話から推測すると、どうやら知的障害を伴わない、という意味のようでした。トニーはとても小さいときから字が読めました。言葉は遅かったけれども、知的な遅れはないのではないかと、私は思っていました。

日本にいるトニーには、診断すらつきません。だから療育プログラムを受けることもできない。でもアメリカにいる友人のお子さんには、すでに公的な支援があり療育プログラムが始まっている。成果が上がっている。言葉も出てきて、問題行動も減っている。

私は焦りを感じました。

そして夫に言いました。「会社に言って、早くアメリカに帰してもらいましょうよ」

日本にいては診断すらつかないことは、もうじゅうぶんわかったのです。

こうして一九九七年、トニーが四歳のとき、私たちはカリフォルニアへと転居しました。

検査を待つ間

我が家はまず夫の実家に身を寄せました。

四歳のトニーはアメリカでもまだ、健常児の義務教育の年齢には達していませんでした。けれども、健常児の義務教育が始まる前に、障害児向けの早期教育はすでに始まっています。

私は地元の「学校区」（いくつかの学校を管理している公的機関）と交渉し、とりあえず診断が下されるまで無理やりそのクラスに入れていただきました。

自閉症のお子さんはひとりもいなくて、身体不自由など、いろいろな障害をお持ちのお子さんたちがミックスしたクラスでした。

それと同時に、スタンフォード大学に自閉症の診断を申し込みました。

日本の人気クリニックのように「何年待ち」ということはありませんでしたが、やはり申し込んでから二ヶ月待つことになりました。

学校の中でトニーは漫然と日々を送っていました。本人にとってはわけのわからない、実りの少ない日々だったと思います。障害児向けのクラスとはいえ、自閉の特徴をふまえた療育がなされていたわけではありません。

アメリカでは特別支援教育制度が発達しているからといって、無条件でふつうの子と違う療育、障害の特性にあった教育が与えられるわけではありません。

「どこか違う」という親の実感があっても診断がなければ何も始まらないのです。診断のないトニーには、なんら特別な支援はありませんでした。さまざまな障害の子にまざって、集団で授業を受けていました。

診断はスタート

日本では診断はしばしば「レッテル貼り」とネガティブな意味にとらえられ、問題があるかもしれないお子さんをお持ちのお母様たちでさえ、現実から目を背けたくなる気になることが多いようです。その気持ちは私も理解できます。

けれども放っておくことは、子どものためになりません。

たとえば牛乳アレルギーの子がそれを知らずに牛乳を飲み続け、「アレルギーがヒドイ」と悩んでいるような状況と同じです。アレルギーだって原因次第ではコントロールできるのに。

アメリカでは、日本とは「診断」の持つ意味が違います。診断はスタート台に立つことを許してくれる「お墨付き」なのです。

ですから診断は、喜ばしいことです。

けれども、診断を受けることで、早期発見、早期療育、適切な教育とポジティブな道筋へのスタートを切れないとしたら、なかなか「我が子がふつうとは違うかもしれない」ことを受け入れる気にはなれないのではないでしょうか。

そうは言っても早期診断は絶対に必要です。

未診断で、あるいは診断されても適切なケアがされない日本のお子さんたちは、アメリカに渡った当時のトニーのように、漫然と日々を送らざるを得ない状態におかれているかもしれません。

お子さんのためにも、親御さんが診断を受け入れる気になる体制が、日本でも行き渡ってほしいと思います。

そして一人でも多くの方々が早期発見され、適切な療育を受けて、生きがたさを減らしてほしい。幸せになってほしい。


日本に一時帰国した際、未診断のまま育って「二次障害」を併発しているお子さんが多いことを知りました。

アメリカではこれは決して、一般的な現象ではないようです。

幼い頃からの発見を促すシステムと、それに続く適切な療育の結果、二次障害のない大人に育っていきやすいのかもしれません。

スタンフォードでの診断

ようやく、スタンフォードでの診断の日が来ました。

診断は一日で終わるわけではありません。四日間にわたります。ただし、一日に使う時間は二～三時間。子どもの集中できる時間を配慮してのことでしょう。

一人の先生だけが診断にかかわるわけではありません。さまざまな分野の複数の専門家が参加します。臨床心理士、精神科医、言語療法士、作業療法士など総勢四人が診断に当たりました。つまり診断を下す際にも、一人の先生が独断できめるのではなく、複数の分野の専門家が意見を持ち寄り、議論した上で診断を下すのです。

トニーは言葉の遅れがある子でしたが、テストされたのは言語面だけではありません。ＩＱ、ソーシャルスキル、手と目の協調運動など、知能、情動、そして身体機能と、評価する分野は多岐にわたりました。

中にはどこがテストなのかわからないような場面もありました。ただ遊ばせておき、それをなにやら先生たちが観察してはメモしています。

トニーがぐずったらその日のテストはそこで終わりです。目的は実態を見極めることなのですから、コンディションが落ちれば続ける意味がないのです。非常に合理的な考え方でした。

すべてのテストが終わったあと、専門家たちが話し合いました。診断書の厚さは、数センチになりました。

そして結果が親である私たちに知らされました。「高機能自閉症です」

けれどもこれは、一方的な通告ではありませんでした。専門家の見解では「高機能自閉症です」なのですが、それを受け入れるかどうかは親である私たちにまかされるのです。

つまり、ここで親たちが「いえ、うちの子は自閉症なんかじゃありません！」とがんばってしまうこともじゅうぶん可能なのです。そうすればその子は、専門家がどう言おうと、自閉症だと診断されません。親の意志がより尊重されるのです。

けれども親が診断を拒めば、子どもは特性に合った療育を受けることができません。

簡単な話です。

診断を受け入れることは「トク」なのです。

私たちは元々「どこか違うのでは」と思ってスタンフォードに予約をとったわけですから、診断がついてほっとしました。

診断書を受け入れますというサインをして、それを手に、療育環境を求めて自治体と交渉することになりました。

親が診断を受け入れやすい環境

前にも書きましたが、診断を受け入れることでメリットが生じないのなら、親にとって子どもが障害児だと認めることは心理的に難しいでしょう。

自閉症のような外からはわかりにくい障害だと、よけいそうだと思います。

無用なレッテル貼りと思えてしまう気持も、同じ親としてよくわかります。

親が診断を受け入れやすいかどうかは、どういう療育環境が用意されているかが大きいのではないでしょうか。

つまり、行政がその障害にどういう処遇をしているかによって、親の受け入れやすさは違ってきて当たり前ではないでしょうか。

だとしたら、まず、こう考えてはどうでしょうか？

どんな小さなことであれ、子どもの問題に気づいてあげるのは、親のつとめだと。

「自閉症」という障害名が重ければ「偏食」でも「人に興味がない」でもいい。放っておくと将来困りそうな問題は、気づいてあげたいし、放っておかない方がいいでしょう。

牛乳アレルギーがある子に牛乳を飲ませ続けるようなことになっては害が広がるばかりです。それが不登校や引きこもりなど、「二次障害」というかたちになって出ているのかもしれません。心配のしすぎと周りに言われても、しすぎならしすぎでいい。「やっぱり問題なかったんだ」で終われば、それはそれでいいことなのではないでしょうか。

診断のあと、私は訊きました。「一生治らないのですか？」

答えは「自閉症は一生治りません。でも療育次第でかなり機能的な生活ができるようになります」でした。

それを聞いて「よっしゃ!!」と急に元気になったことを思い出します。

診断されるのはトクなんだ！

ニキ　最初診断されなかったんだねえ、トニー君。

花風社　そうそう。私が知り合ったお母様方の中には「生後八ヶ月で気づいた。すぐに療育センターに行った」っていうケースもあったけれども、そういう幸運なケースは多くないですね。

上にお子さんがいる場合とか、まだわかりやすいんでしょうね。

そうだと思います。それに、ここのところ「知的な遅れを伴わない」ケースも知られるようになってきたけれども、そもそもそういう種類の障害があるとは知らないと、親御さんたちもわかりようがないですよね。知識って大事ですよね。

お父さんたちはやっぱり「気にしすぎだ」って言うんですねえ。アメリカ人でも。

男の人から見ると女の人って、小さいことを気にするように見えるんじゃないかな。
そこで父と母の温度差が出てくるのかも。

そうなのかな。

母親のカンって結構当たるんじゃないかとおもいますけどね。

カンがいいお母さんだけしか気づけないシステムは、やはりよくないと思うんですよ。
診断を受けるかどうかの段階で「親デバイド」ができてしまう。

実は大変浅いワケがある自閉っ子の振る舞い

なるほど。とにかく、当事者としてのニキさんは「障害に気づいてもらいたい、受け入れてもらいたい」って思っているんですよね。

そうです。気づいてもらいたいし、早く手を打ってもらいたいです。気づかれないと、ひっそりと、小さな誤解を積み重ねてしまいますからね、私たち。小さい誤解が積み重なって、大問題になったりするんです。あげくの果てに、それを妙に深読みされて性格のせいにされたり、親のしつけのせいにされたりする。小さい誤解が生んだ不安感でぴりぴりしてるだけなのに、それが人によっては他人への攻撃性と解釈されたり、人から見るといやらしい行動になっちゃうでしょう。実は私たちの振る舞いには、大変浅いワケがあるのに。

ニキさんの、数字の「8」大好き事件なんかもそうですよね。

そうそう。私は「8」という数字が好きだった。

理屈抜きに好きなんですよね、自閉っ子の方々。

そうです。それで、テストで88点とったとき、友だちにも喜んでもらおうと思って友だちに見せたら自慢していると思って嫌われた。みんな「8」を見ると喜ぶと思っていたのが私の「俺ルール」だっただけなんですが。

早めに診断がつけば、「この子、俺ルール作りがちかも」って思って観察できるし、その結果、誤解が早く解けますね。そうすると、その子自身が世の中で誤解されたり、大きな問題になるのを防げる。そういう意味でも、診断されること、それをまわりに受け入れてもらうことは大事だとニキさんは考えているわけですね。

たとえば講演に行った先で受けるご質問の中に、「幼いころ、どういう言葉をかけられたとき嬉しかったですか？」なんていうのがあります。

親御さん方としては聞いてみたいでしょうね。私は療育の先生の講演行ったとき、「自閉スペクトラムのお子さんはほめて育てましょう」なんて言っていたのを聞いて「そうかあ」と思いました。

そうそう。たぶん質問なさった方の意図も、そういうところにあったんじゃないかと思います。

「リンコちゃんいい子ね」「かわいいわね」って言われたときにいちばん嬉しかったです、とかそういう答えを予測していたかもしれませんね。

でも、それに対して私がした答えが「しまうま」。

しまうま!?

「しまうま」っていう言葉の響きが好きで、それを言われたときいちばん嬉しかったんです。だからなんとか「しまうま」って言わせようと、親に「動物園にいて白と黒のものは何?」とかなぞなぞしかけたりして。で、親も私が「しまうま」を期待しているのを知っていて、ワザとはずしたりして。

あははは。

ねえ、明らかにズレてるでしょう。喜ぶツボが、いわゆる「ふつうの子」と。そういう段階で、「気づけよ、オヤ」とか思うんですけど。

たしかに、ズレてますねえ。

でもニキさんが幼少のころには自閉症自体あまり知られていなかったし、べらべらしゃべって知的な遅れもなさそうなのに自閉スペクトラム、というケースはもっと知られていなかったんだから、仕方なかったんじゃないでしょうか。これからは違うかもしれないけど。

とにかく診断は、親の素質にかかわらず平等につけてもらえるシステムができてほしいです。親のカンがよくなくても、頭が硬くても、診断がつくシステムになってほしいんですよね。親デバイドをなくす方向で。

自閉っ子のニキさんから見て、親が診断を受け入れてくれるとどういう点でいいですか？

リソースの合計値が一定なら、いろんな原理を学んだりする（人に動機があるとか、性格に個人差があるとか）方に費やせる時間とエネルギーが増える、ということは大きいと思います。原理を知っていたら、いじめじゃないものをいじめだと思わないとか、他人の不注意を悪意と思いこまないとか、応用がきくから。

そうやって、いわゆる二次障害が防げる可能性が高くなるわけですね。

診断を受け入れやすい風土の条件

親が子どもの診断を受け入れることをたやすくするにはまず、1・受けさせたくなるような支援、とか2・ニュートラルに損得で判断することを容易にするような精神風土、とかが必要だと思います。難しいんでしょうけどね。

「1」はトニママの言うように、認知特性に合わせた療育が用意されているとクリアできるのかもしれないですね。親御さんがお子さんの弱いところを受容しやすくなる。

トニママは「診断されることはトク」と言い切っていますよね。「広汎性発達障害です」とか診断されても、それ以降打つ手もなければ行政の支援もない、という状態では受け入れる気にならなくても、専門の療育が用意されていたりすると、「いっちょ認めてみるか。療育もあるし」っていう気にもなりやすい。それがお子さんにもいい結果をもたらす可能性が高い。それこそ「治りますか?」「治りません」でも「よっしゃ!!」となる。もちろんこれは親御さんのキャラにもよりますけどね。

うちなんかは、「親が善意でがんばって支援を受けさせなかった例」ですからね。

もっとも当時は、中くらいの支援、軽めの支援、広範囲にばらまかれることでスティグマの薄くなった支援、必要な間だけ短期間で終わる支援、必要なパーツだけしか受けなくていい支援、等々がなかった時代でしたからね。そういう時代に育ったことはちょっぴり損したかも。

当時のシステムの中では、ニキさんの認知の穴を埋めるような教育を受けるには、学科の方を犠牲にしなければいけなかったのかもしれなかったのかもしれませんね。読み書きソロバンも、生きていく上では大事だから。当時は（そしてところによっては今も）ニキさんの学力の可能性をのばしながら、認知の穴を埋めてくれるような教育現場はなかったんでしょう。その結果読み書きソロバンを選んだってことなんじゃないかなあ。

たしかに支援制度の有無は大きいんでしょうね。でも、トニー君みたいな制度があれば、日本の親も診断をもっと受け入れる気になるんでしょうか？　なんというか、精神風土がじゃましたりしないのかな？　たとえば遺伝の問題。遺伝だと思われるのをいやがるでしょう。「ウチにそんな子が生まれるわけがない」とか。

あと親は受け入れてもジジババが受け入れないとか。ジジババの顔色をうかがって、自閉っ子本人に負担を強いるのはどうよ、って思うんですけど。

遺伝で何が悪い

トニママは私立の学校で音楽の先生をしているんですが、そこはすごく学費が高くて、インド系とか中華系のお金持ちが多いそうです。で、発達障害のボーダーの子は転校を推奨されたりするようです。「よその学校に行ったほうが適切な教育を受けられます」という感じで。そ

のときにやはりアジア系の親は「うちの『家系』にはそんな子がいるわけが……」といった抵抗を示しがちだそうです。よくも悪くも「家」意識が強いのは日本も含めたアジア系の特徴のようですね。

アジア系だからこその良さはあると思うんですよ。それはアメリカに住んでいるトニママも言っていますけど。アジア系と欧米系、本当にどちらも良さがあると思いますが、アジア系はやはり繊細で情に厚いですね。でもあの「家」意識が、すごく良い面に出ることもあれば、こういう場面で足を引っ張ることがあると思います。

アジア系なのか日本の文化なのか知りませんが、障害児が生まれたのは親の責任、っていうのは定型発達の人たちが持っている妙な「俺たちルール」ですよね。自閉的な要素は誰だって持っているでしょう。

少子化が問題になっているらしいけど、どんな子が生まれても何から何まで自分の責任、って言われたら、子ども生むの勇気がいるんじゃないでしょうか。

私も『踊る大捜査線』と『壬生義士伝』のDVDは繰り返し見ます。何度見ても飽きない。何度でも夢中になって見ているのをみて、夫が「お前、自閉っ子だな」って言いますよ。

私たちの場合は自閉的要素をたまたま濃く持って生まれてきたんですよ。で、その要素が濃くなるとある時点で量的な違いが質的な違いに転換した、っていう気がします。

トニー君ご一家が住んでいるサンノゼは「シリコンバレー」と呼ばれ、IT産業で知られる場所ですが、今回お目にかかった方も理系のエンジニアの方が多かったです。理系の専門職でやっていくには、ある程度過度な集中力とか、謎解きを楽しむところとか、自閉的とも呼べる要素を持っていないといけないですよね。サンノゼには自閉スペクトラムの人は多いようですよ。

そう、遺伝で何が悪いんでしょう？　たとえば身長とか遺伝ですよね。「あそこの一家はみんな背が高い（低い）」とか、平気で言いますよね？　それが遺伝だと認めても誰も侮辱だとは思わない。それがなんで認知機能の自閉だと家の恥だと思ってしまうのかがわからない。

「障害」という言葉がきついのかな？

「障害」だと認めたとたん、敬意を払われなくなるという前提が間違っていると思います。私の場合は、「能力の落ち込み」「援助の必要性」と「自分の尊厳」とは切り離して考えています。見えないものを見えない、わからないものをわからないと言ったからといって、沽券に関わるとは考えません。車庫に車を入れるときに、自分で見られない反対側を助手席の人に見てもらうことが屈辱でないなら、自分の認知機能の穴ゆえに見えないことを見えないと言うのも屈辱ではないんじゃないかと思うんですが。

でもお金かかるんでしょうね。そういうことを支援してもらうとなると。

意外と安上がりでは？　アメリカの療育

今回私が渡米して思ったのは、実は「なんだ意外と安上がりなんだ、アメリカの自閉っ子療育」っていうことなんですね。

安上がり？

そうです。「アメリカは人権大国で、障害児に手厚くって、お金いくらでもかけてて……」っていう伝説があったでしょう。まあたしかに先進国は、ベーシックな人権意識はあると

思いますよ。それを実現する経済力の裏付けも。でもアメリカが人権大国かどうかは、そうであるところもそうじゃないところもあると私は思っています。平等な社会と言うなら、少なくともこれまでは、日本の方がそれをずっとうまく実現してきた。健常者限定なのかもしれないけど。で、「ホントなのかな？」と思いながら見に行ったんです。高齢者にまともな年金さえ用意しない国が、どうして手厚い障害児・者支援をするのか、と。

そうしたら、安上がりだったんですか？

全然お金かけてないっていうわけじゃないですよ。でもかけているお金の割に、感謝されている上手なシステムを作っていると思いました。そして日本の療育も、全くお金がかかってないわけじゃないのに、国民に感謝されるようなものにはなってないと思いました。

そして日本でも、いい療育システムが実現できる可能性だってあると思いました。アメリカの「いいとこどり」をして、その上に日本人ならではのきめの細かさを加味することができれば。

「いいとこどり」って、カンのいいお母さんたちのよく使う言葉です。いろんな療育方法の「いいとこどり」。そうやってご自分のお子さんに適した環境をカスタマイズしていくんですね。ただ、それにはすごく情報コストとエネルギーがかかります。

その情報コストを少しでも下げてもらえるよう、日本の自閉っ子のために、親御さんや援助側の方たち、教育現場の方たちにその「いいとこどり」をしていただくために、この本はあるわけですね。少しでもラクに情報収集していただくために。

自閉を科学的にとらえる

それで、アメリカが意外と効率よく支援システムを作り上げているのは、やはり「自閉はいったいどういう障害か」を科学的にとらえているから、っていう気がしましたね。

科学的にとらえてもらった方が、私たちは助かるんですけど。脳の仕様の一つだと。だって実際そうなんだし。脳の仕様の違いなんだし。ただ、世の大多数の人たちと違った脳の仕様なんで、多数派が作り上げたこの世界で生きていくのは苦労が伴うわけです。そこを手助けしてもらえればいいんですが。こう、あんまり無用な深読みをせずに。

定型発達の人が自閉っ子を無用な深読みして「困った、困った」と思う必要がないように、今の日本に自閉症支援が乏しいとしたら、それを深読みして「人権意識の欠如だ」と声高に叫ばなくていいと思いました。

そうですか。まあ深読みしない、というか「脱・神秘化」って、双方向に有効ですよね。私も折に触れ「定型発達研究」を積み重ねているんですが。

足りないのは知識

ニキさんは「そこを手助けしてもらえればいいんですが」と言いますが、「そこ」が「どこ」かがやっとわかりかけてきたというか、少なくともだんだん知られるようになってきたのが日本の現状なんじゃないでしょうか。

1　自閉スペクトラムっていう障害が実在する
（ときには知的な遅れや言葉の遅れを伴わないことがある）

2　自閉スペクトラムっていう障害は、こういう障害だこの二つの「知識」がなければ、支援の必要性には気づきにくいです。

そうですね。

私は日本に足りないのは人権意識よりもお金よりも、「知識」だと思いました。だとすると知識がじわじわ広がった今、自閉っ子にいい環境作りをするチャンスは大いにあるというわけですよね。というか「日本はだめだ、人権意識がない」とかぶつぶつ言っている間に「自閉ってこういう障害なんですよ」という知識を広めたほうが、ずっと役に立つ。

「先祖の呪い」とか「家の恥」とかいって隠している間は、科学的な研究なんか進みませんよね。「心の闇」とか深読みに終始していても無駄だし。これは私はあちこちで訴えるつもりですけど。

カリフォルニアで自閉症が法的保護の対象になったのが一九七三年です。そんなに大昔ではないんですよ。私が十歳のとき。年がばれるか。

三十年か。

そう。でもあと三十年待つわけにはいかないから、当然スピードアップが必要でしょうけど、それは明治維新以来日本の得意技だったわけだから、悲観することはないと思います。

日本の方が個性重視？

ところでトニー君の診断テスト、ずいぶんきめ細かいみたいですけど、お金高いんでしょうか？　ぐずったらその日は終わり、なんてすごく現実的でいいと思うな。疲れ切ったときに診断受けても、本当のことはわかりませんよね。四日間もかけるなんて、ていねいですよね。

当時二十万円くらいだったそうです。

経済力で「親デバイド」ができたりはしないんですか？　無料だと診断受けてみるか、って思っても、お金出すのならやめとこうか、となったりはしないんでしょうか？

教育相談に乗る「学校区」というところに行くと、無料で診断も受けられるそうですよ。でもそこは療育の手配をするところでもあるから、そこにまかせっぱなしにしていると、実際より軽度に見積もられて、本当は必要な援助が与えてもらえないことになりかねないという可能性もあるわけです。やっぱりアメリカは、生き馬の目を抜く社会なんですよ。日本より。

　ですから経済力がある親御さんたちは、必要な援助をあますところなく勝ち取るためにも、お金を払っても第三者に診断を頼むようですね。

そうですか。高く払うとそれなりに価値があるということなんでしょうね。

私はトニー君が受けた「ただ遊ばせておくだけのテスト」っていうのが興味深いなあと思いました。

どうしてですか？

きっとたくさんの自閉のお子さんをみてきた専門家は、遊ぶ姿を見ても何か違いがわかるんだろうなあ、と思ったからです。

そういうのが専門家の分厚さ、知識の分厚さ、経験の豊富さということなんでしょう。

親御さんが懸念を持っていてもよく言われる「子どもはみんなそう」とか「もう少し様子を見ましょう」とか「心配のしすぎよ」っていうのも、経験の少なさから来る知識のなさの産物のような気がします。「子どもはみんなそう」って言ったって、たとえば健常のお行儀の悪い子と自閉の多動のお子さんとでは、見る人が見れば違うんじゃないでしょうか、きっと。で、きっとそれは数を見ないとわからないことなんじゃないでしょうか。

トニー君も当時の日本では診断がつかなかったんですね。「様子を見ましょう」組だったわけですね。

そうですね。でもお母様はどこか違うと思ったわけです。観察力があったんでしょう。あと、父親とか周囲の専門家でない人が「子どもはみんなそんなもんだ」とか言って、母親だけが納得できなくて悶々とする、というケースも多いけど、これも周囲の善意がまざっているから、よけいにやっかいだと思います。

なぐさめようと思って言っている、とか？　気にしなさんな、とか？　自分だってそうだったけどマトモに育ったぞ、とか？

そうですね。それと、日本というか、アジアの文化って、子どもの腕白に割合寛容です。トニママも久しぶりに日本に帰ってきたら、子どもたちが公共の場でにぎやかなのに驚いたと言っていましたが、私は欧米にいくと、犬とお子さんたちがよくしつけられているのに驚きます。犬とお子さんを一緒にするのは恐縮ではありますが。アジアのリゾート地でも、にぎやかなのはアジア系のお子さんが多いですね。日本は「腕白でもいい、たくましく育ってほしい」っていう文化がありますよね。

また古いですね。まあ、私としては、犬やお子さんがしつけられているとありがたいですが。

騒いで周囲に迷惑かけるとか、そういうことには欧米の文化圏の方が厳しいし、そういう子どもにはすぐに厳格に対処すると思います。私は前回アメリカに行ったとき「日本の方が個性重視じゃないか。アメリカの方が子どもを型にはめているのではないか」という印象を持ちました。そのことは話しましたよね？

「個性」には何種類もありますからね。アメリカの方が個性重視だろうみたいなよくある思い込みの「個性」は、子どもひとりずつのそのときそのときの事情という「個性」とは別のものを指してるだけでしょう。

群ごとの、小集団ごとの特性は「多様性」として認めろという力が強いのと、小集団の内部でのばらつきに寛容なのとは別のことですからね。

あのときはトニー君のスクールカウンセラーの方にお話をうかがったのですが、たとえば駆け回っている子がいたらひっつかまえてリタリン飲ませる、といったような素早いというか、見方によっては乱暴というか、がちがちの管理というか、そういう対応が平気なんだなあ、と感じたんです。それで、これは日本は無理じゃないかなあ、と。

たしかに。問題にされそうですね。

でもよく考えたら、学校の先生がリタリンを処方できるわけではありません。学校の先生が問題にまず気づいて、当然医療の側で診断をしなければリタリンは処方されないはずです。学校の先生には、問題に気づく義務があります。そうやって数をこなしていると、本当にお行儀の悪い子か、なんらかの発達の問題があって多動な子か、学校の現場でも医療の現場でも、見分けるのが上手になるんじゃないでしょうか。

目が肥えてくるんですね。自閉とＡＤＨＤの多動にも違いがあるような気がするし。

電車の中で走り回っているお子さんたちがいても、やはり自閉やＡＤＨＤの多動のお子さんとはどこか違うのを感じます。私のように限られた数しかそういうお子さんに会ったことのない人間でもそう感じるのですから、もっとたくさんのお子さんを見ていれば見る目が鍛えられるのではないでしょうか。

気にしすぎ、は続いているのか

結局障害の実在証明がすまないと、支援の必要性も認識されないし、したがって専門家も増えないですよね。アメリカでも九〇年代の前半は、障害の実在証明というか、世間から「過剰診断」と非難されるという状況だったようですがそれはまだ続いているのでしょうか。

折に触れ出てくるようです。でもトニママに言わせると「育てていたら親はわかります」。

そうかもしれませんね。もっとよく観察してほしいんだけど。

結局、自閉がどういう障害かっていうのが、正確には伝わっていないとき、「過剰診断」という非難が起きるんではないでしょうか。

三つ組みの障害はよく知られていますよね。1・社会性の障害　2・コミュニケーションの障害　3・想像力の障害。

実際の自閉っ子をたくさん見ている人じゃないと、それがどういうことかはわかりにくいですよ。人によっては一方的であってもかかわりを持とうとするし、ニキさんみたいにぺらぺらしゃべる子もいるし。でもいちばん大きいのは、外からは行動しか見えないことかな。まさか認知というか、世の中の切り取り方がそれほど違って、小さい誤解を積み重ねているとは気づかない。

小さい誤解が大問題になるんですよね。たとえば私は、夏休みの自由課題の宿題を出されたとき「人に手伝ってもらったら意味がないぞ」と言われました。それで「ああ、だめだ」と思って九月になってもやらなかったんです。

朝顔の観察とかでしょ？　夏休みの自由課題って。

そう。朝顔の観察とか絵日記とかなら人に手伝ってもらわずにできたはずなんですが、それを一冊に綴じて、最後にそれをひもで結ばなきゃならないんです。私、ひもを結ぶのが苦手だったんで、そこは手伝ってもらわなくちゃいけないなあ、と思って。だから宿題やっても無駄だ、と。

叱られたでしょう？　事情を知らない人から見れば、「夏休みの小学生なのに、誰もがやるべき自由課題をやってこない反抗的あるいは怠け者の子」っていうことになってしまいますよね。

叱られました。「人に手伝ってもらったら意味がないぞ」って先生が言ったから、やらなかっただけなのに。あと私たちの場合は、一度できるようになったことでもその日の調子によってはできないこともあるんで、ひもを結ぶ練習をしてもその日にできるとは限らないし。

ニキによる定型発達研究

先生を恨みましたか？

当時の私自身は、別に文句はありませんでした。いろいろ失敗しても、私にわかる説明をしてもらえてないのだとは気がつかなかったし。

「あれ、何か覚えてたのと違う。どうなっちゃったんだろう」と思っただけで、何か災難が降ってきたみたいな感覚でした。困っていながら、自分が困っているという自覚はありませんでした。

もう少し大きくなってから思い出すと、「あの先生、えらく矛盾したことを言ってたなあ。非論理的な人だったんだ」になりました。ほかの子はあれでわかるんだ、だから先生はそのレベルに合わせただけだ、ってことに気がつかなかったから。

そういう小さい誤解が積み重なって、こういう誤解につながることってありませんか？

1・自分はだめな人間である

2・この世はひどいところである

3・周りの人はみな、意地悪な人たちである

これを二次障害と呼ぶのでしょうけど、私が自閉の方とつきあいにくいときがあるとすれば、この三つが障壁となっていることが多いです。ニキさんにとってはコタツの脚同様、見えない「療育」とか「個別支援」と言ったようなものも、この「浅見の極私見版・三つ組みの障害」を防げるのなら、意味があると思いますよ。

私は元々が楽観的で考えが甘いのと、「定型発達研究」を積み重ねていて、そういう誤解は結構解消してきたんですが。

定型発達研究？　我々を研究してるんですか？

何しろ私たちは定型発達の人が多数派の世界で生きて行かなきゃならないわけですから、定型発達の皆さんの動向とその意味を探ることには実用的な利益があるわけです。そうすると、「脱・深読み」は自閉と定型と、双方に有効だということがわかってくるんですよね。

定型発達のみなさんがわれわれの言動を深読みして見当違いに怖がったり、「キモ」がったり、「純真」だと賛美したりしているのと同じように、私たちだって、定型発達者の行動を深読みして、単なる「リソースの倹約」を「差別」だと憤っているかもしれないし、自分に理解できないだけで本当は意味があるのに、定型発達の行動を「無意味だ」と切り捨てているかもしれませんからね。

ヒトに限らず生き物のほとんどは、「生きてるだけでめっけもの」なわけじゃないですか。だとすると生物はなにかにつけてコストを倹約するようにできているんじゃないでしょうか。

私たちには一見非論理的に思える定型発達の人たちの行動の中にも、「コスト」というヒントで解けるものがあるんですよ。

本人にきいても「勘」だとか「何となく」としか答えないとしても、実は、スピーディーな処理ができるよう、よく似たパターンをカッコにくくって処理しているのかもしれないし。カッコの中はブラックボックス化していて本人も言語的に説明できないかもしれないけれど、だからといって不合理とはかぎらないでしょう。

私たちには「不正確」と思えることも、「嘘」ではなく、単に、より経済的な「近似」であることも少なくありませんよね。

それに、能力的には言語的な説明が可能な人も、めんどうなら説明したがらなくても当たり前かな、と思います。そもそも倹約のためにカッコにくくったのに、説明のために頭脳労働をしては倹約にならないでしょう。中身がわからなくて困惑している私たちから見れば解明の利益は大きいんですけど、ブラックボックスのまま便利に処理できている人にはさほどの利益はないのだから、説明したいという意欲がわかなくて当然でしょうね。動機の切実さが違う以上、「怠惰」と笑うのは的外れだし。

定型発達の人たちの行動がなかなかリアルタイムで理解できないのは不便だけど、解釈を間違えると、不便どころではすまなくなるんですよ。

別にこれが理解できたからといって、元からある苦労は消えませんけど、「しなくてすむ苦労」を知らずに自分で作ってしまうことは防げるでしょう。別の理由があっていじわるな人まで親切になりはしませんが、もともといじわるでも親切でもない「中ぐらいの人」をいじわるにせずにすむでしょう。そうしたら、世の中には意外と「中ぐらいの人」が多かったとわかってきたりするんですよね。

別に定型発達の人の肩を一方的に持つつもりはないけど、出会う数は圧倒的に多いんで、単純に環境として、定型発達の仕組みを理解しておくと、「クダラン」と思う機会は減ります。自分には価値が感じられないものも、自分とは仕様や事情の違う人々にとっては価値があるかもしれないでしょう。それに、何らかのヒントがあったら、自分にも価値がわかるかもしれない。私は「クダラン」と感じたら、頭に「今の私にとっては」をつけることにしているんです。

無用な深読み、「心の闇」系解釈

ニキさん、そんなに大変な思いしてるんだ。

大変な思い？

そう。「世の中の人は怠惰で意地悪な人ばかりじゃない」って納得するのに、それだけ理論づけしているんだ。ずいぶん、脳みそフル回転しなくちゃいけないですね。

そういうことなんですよね、自閉症って。世界の切り取り方が違う。ちょっとのズレが、放っておくと大きなズレになる。

私、よく世間一般的な自閉症理解を読んだり聞いたりして「ずいぶんオドロオドロしいなあ」と思うことがあるんです。

とくに触法との絡みで語られるときね。事情を知っている者から見ると「無用な深読み」が多いです。

「対人関係の困難」とかね。「他人の気持ちがわからない」とか。なんだか、すごくオソロシゲな解釈がまかり通っているような気がする。そういうのを聞いたり読んだりすると、ニキさんの「同級生は教室の備品だと思っていた。一人一人おうちがあってそこから通ってくるとは思っていなかった」っていうエピソードを思い出します。で、そういうことなのになあ、と思ってしまうんです。

それを「心の闇」とか言われてもねえ。

そういう「心の闇系」の解釈に気をとられている間は、自閉症の本当の知識って広がっていかないんじゃないかという気がしました。で、アメリカに行って感じたのは、困った行動が見られたとしても、何かワケがあるはずだ、ってシンプルに考えて、シンプルにそのワケを追求して問題を解決する習慣ができているなあ、と思いました。

謎解きを面白がる習慣を身に着けてもらうとありがたいんですよね。

それはやはり、自閉症が「実在の障害」だと認知されてからの歴史が長いんだと思います。とくに高機能とかアスペルガー症候群といった自閉スペクトラムに関して。私は逆に「これだけ知識に差があるのに、日本にもがんばっている親御さんや団体や自治体はあるんだなあ」という印象を持ちました。で、これからどんどん良くなっていくだろう、と。

それでも今はまだ、行政の援助をどれくらい活用できているか、それこそそこに「親デバイド」があるわけですが、地方によって、行政のサービスにはずいぶん差がありますよね。そういう地域差はなるべくなくしてほしいです。それに、やはり親デバイドが誘発されるような仕組みは作ってほしくない。まず第一の親デバイドは、子どものありのままを受け止められるかどうかなんですが。

それには診断を受け入れてからどうなるかが大きいですよね。次はそのあたりをトニママに語っていただきましょう。

トニーくんは人の顔を覚える時に
のテリーおじさん
カムリおじさん
ウィッシュのお姉さん
プリウスの兄さん
カローラの人
やあトニー大きくなったな
こんにちはテリーおじさん
乗ってる車でその人を覚えるそうで…
それもアメリカって国が車社会だからこそなんだけど
のおじいちゃん
あさみさんってんの車は…？
車は何？
もーこの子は～
あさみさんは何の車に乗ってるの？
えっ私…車なんて乗らないよ
車に乗らない人の場合も
それなりに追求して覚えていくんだとか…
それじゃアメリカに来る時いったい何に乗ってきたの？
ピピピのピ
そうね～飛行機は全日空に乗って
前は成田エクスプレス使って空港まで来たかな
ま…銀座のママもその人の欠点で名前覚えるっていいますが…
ハゲ
チビ
デブ
田山＋三味線のバチ
まあ田山先生
やあママ久しぶり
おみかぎり
それにしても追求の甲斐あってか
成田エクスプレスのあさみさんかあ
そーか！成田エクスプレスで来たんだ～
ピピピのピッ
納得して嬉しそうなトニーくんでありました♪
なるほどね～
車が人の顔みたいに見える人もいるんだよ～

〈トニママ、語る パート2〉

診断を受け入れやすいワケ

診断を手に交渉が始まる

長い間の疑念が晴れました。

私たちの息子トニーは、高機能自閉症だったのです。

胸のつかえが降りたような気分でした。

スタンフォード大学での診断書（＝お墨付き）を手に、私たちは「学校区」と交渉することになりました。

「学校区」とは地域のいくつかの学校のまとめになっているオフィスです。まずはここに診断書を提出するところから、トニーに適切な療育環境を探し、そして求めることが始まります。

カリフォルニアでは、健常児の場合、五歳から義務教育が始まります。けれどもスペシャルニーズ（特別な必要性）のある子どもは、もっと早くからプレスクールが始まります。療育を目的とした早期教育プログラムを始めます。これを Early Intervention（早期介入）と呼びます。

この早期介入が、とても大事だと私は親として思います。

トニーもアメリカで生まれていたら、もっと早く自閉症という診断がつき、もっと早く適切な療育が始まっていたことでしょう。

「もうすこし様子を見ましょう」とか「なんでもないかもしれませんよ」といった専門家の言葉で時間を無駄にしたのが悔やまれましたが、やっとスタート台に立てたのです。

少しでもトニーが生きやすくなるために、親として力を尽くしたいと思いました。そしてアメリカでは、そのために力を貸してくれる専門家の数が多いのがありがたいところです。

違うのがあたりまえの社会

日本では、どの子に対しても一律な教育をすることが好まれてきました。

比較的均質な人々が集まっている社会では、一人一人がそれほど違わないことが当たり前のこととして、教育現場が作られてきたのだと思います。

でもトニーのような特性を持った子に、定型発達のお子さんと同じ教育を施しても効果はあがりません。

私はよく次男のケニーに、「トニーはみんなと同じようにできるのよ。ただできるようになり方が違うのよ」と教えています。自閉のトニーは「学び方が違う」子なのです。

そしてこの考え方は、アメリカでのほうが受け入れられやすいようです。

アメリカは多民族国家であり、一人一人の子どもが食習慣から宗教まで違います。給食さえ、一律のものを用意するのは危険が伴うのです。宗教上の理由から、特定のものを食べられないお子さんもいます。イスラム教徒のお子さんは、ラマダンの間は食事をしません。私は今、私立の学校で音楽の教師として働いていますが、クリスマスコンサートに選ぶ曲にいつも気を遣い、宗教色のないものにしています。クリスマスを祝わない民族もいるからです。

最近の日本の給食は、私たちの子どもの頃とは全然違う、すばらしいものになったと聞いています。ここカリフォルニア州では教育予算の削減が激しいので、給食は日本に比べてかなり見劣りがします。けれどもすばらしい給食を一律に提供できるのも、日本のような均質な国民性だからです。


ただし、「違ってあたりまえ」の社会はまた、トニーのような子には生きやすい社会でもあります。教師の方が、「どういう方法なら、この子には学びやすいのだろう」と考える習慣ができているからです。

私は日本でも音楽を専門とした仕事をしていましたが、アメリカに来てこちらの音楽家はすごく勉強していることに圧倒されました。子どもに教える教則本も種類がとてもたくさんあります。そしてそれを全部マスターしてそれぞれの生徒にあった教則本を与えるのです。勉強していなければできないことです。そして、「人間は一人一人学び方が違う」という前提があるからこそできることです。

そしてこの「違ってあたりまえ」の子たちに適切な教育を実現するのがＩＥＰ（Individualized Educational Program 個別教育プログラム）です。

ＩＥＰとは？

ＩＥＰとは、「通常のカリキュラムでの学習にそぐわないすべての子ども」に与えられる個別の教育プログラムです。

ちなみにこの対象になるのは自閉症児だけではありません。また、障害児だけでもないのです。移民の国ですから、英語が第二言語の子どももいます。その子たちは、ＥＳＬ（English as Second Language 英語が第二言語の子どもたち）のクラスに入る権利があります。

障害児ではなくても病弱児もＩＥＰの対象なら、天才児（gifted children）さえＩＥＰの対象なのです。

また、ささいなこともＩＥＰの対象となります。たとえばボディバランスの悪い子がいたとしたら、授業のうち何コマかを椅子の代わりにバランスボールで座るように指導されます。これもＩＥＰの一つです。

日本とアメリカでは「平等」の意味が違うようです。

ハンディキャップのある子にはそれなりの支援が与えられることが「平等」なのだし、才能がある子なら、普通のカリキュラム以外にも学習する機会が与えられたほうが「平等」だというのがアメリカの考え方です。

そして障害のある子の権利は、障害児教育法（ＩＤＥＡ）で保障されています。

契約社会ですから、何事もまず法律がなければいけないのです。

そして親は特別な支援の必要な子に、ＩＥＰを要求する権利を持っています。だからこそ、まず診断を得ることが大切なのです。


ＩＥＰを要求すると、まず会議が開かれます。

関係者が集まって、学校生活を送る上でその子のどこが弱いか、どういう支援が必要かを話し合い、合意したところで全員がサインをします。そうすれば、その支援が子どもに与えられます。ここで合意した支援に関しては、行政が費用を持ってくれます。

もちろん予算の絡む話ですから、聞き入れられない可能性もあります。カリフォルニア州も財政難ですから、教育予算は削られる傾向にあります。潤沢に税金が充てられるわけではありません。

だから親もきちんと勉強して、どういう支援が自分の子どもに必要なのか見極めなければなりません。そして、「障害者教育法を遵守するなら、自分の子にはこの支援が必要だ」と主張するのです。

幸い我が家はたいていの場合聞き入れられましたが、何回か交渉した末に勝ち取った支援もあります。そして、交渉むなしく拒絶される方もいます。その場合には、一時間一万円以上するセラピーを親が自費で受けさせたりすることもあるようです。

そう、アメリカは一つ一つ主張していかなければいけない国です。言わねば損というか、いちいちエネルギーのいる国です。

親の義務、学校の義務

子どもたちの処遇に対しても、法律がいくつもあります。

たとえば、十二歳以下の子どもだけで留守番をさせると親が逮捕されます。法律で決まっています。

日本では多いという不登校も、そんなことになれば親が逮捕されます。親として登校させる義務を怠ったという理由です。

その代わり学校には、どんな子でもその子に応じた教育を施す義務があるのです。親はとことんそれを要求します。自閉児の親だけでは、いいえ、障害児の親だけではありません。

アメリカの療育事情を話し、日本人のお母さんに「アメリカはいいわねえ」と言われると、じゃあ日本でも要求していけばいいのに、と思います。

アメリカでは自閉症に関する専門家の数が多く、知識が行き渡っているのはありがたいことですが、それだけに金儲け主義の効果の上がらないセラピーも次から次へと出てきます。なんとかしたいと藁にもすがるような気持だと、そういうものにだまされてしまうことだってありえます。だからこそ情報を集め、勉強して、だまされないように気をつけていなければいけません。

契約社会であるアメリカは訴訟社会でもあるので、場合によっては、学校区との話し合いに、弁護士が介入することもあります。日本にも親の会があると聞いていますが、アメリカの親支援団体では、弁護士のリストを備え、法律に関する相談に当たってくれます。法律はよく改定され、そのために親たちは勉強会を開きます。どういうセラピーがあるのか、あるいは売り込まれたセラピーがあればそれは信用してよさそうなものか、親は情報集めと勉強の連続です。

障害児の親は、日本でもアメリカでも楽ではありません。ただ、大変さの種類は違うと思います。

トニー&ケニー家が
日本に滞在して
そろそろ
一ヶ月

とはいえ
日本は家にいても
とってもエキサイティング

なぜって
配達やら
集金やらと

ひっきりなしに
人が訪ねて
くるんだもん!

毎日歩いてたので
今日は一日
お留守番ー

今日は一日おうちね~
はーい
ピンポーン
ガラガラ
こんちわー宅配便でーす
どぉもぉ~
どっどっどっ
ピンポーン
ガラガラ
はい回覧板ね~
ゴクローさまでーす
どっどっどっ
ピンポーン
あっ隣のおじさん
ホント来客の多い国ダナ…
え?
パリパリッ

トニーくん
訪ねてくる人と
同じ口調の
ノリで返事してる

なんか日本語の
音を楽しんでる
みたいだね~

動物的カンだな～ トニーくん～

サンノゼじゃ
12歳以下の子は
留守番が
できないし

外から音が
聞こえてくる
ことも少ない
わけで…

それに比べると
子供たちにとって
日本ってゆー国は

家にいるだけで
何だか
楽しいことが
いっぱいあるようだ

こうして
トニー&ケニー家の
日本の夏は

思い出を
いっぱい残して
過ぎていくのであった

このあとでトニママがギョーザを
買うはめになったのは
言うまでもありません…

診断後、すぐに手が打てるのがいい

花風社　このお話を聞くと、親御さんにとって、「診断後すぐに手が打てる」ことがいかに心強いかわかりますね。

ニキ　子どもの障害を受け入れるのも受け入れないのも、どこかに相談できるかどうかで決まってくるところが大きいんですね。

そうですね。アメリカのまた別のお母様が言っていたんですけど、診断がつくと「どさっ」と参考図書リストが渡されるそうです。悲しむヒマがないほど。それだけでも気が楽になると言ってました。「よし、勉強するぞ！」と。

日本ではそういうのないんでしょうか？

読者から「診断されたあとすぐにお医者様から推薦されて読みました」というようなお手紙をいただきます。だから必ずしもないわけではないと思います。アメリカのように体系化はされていなくても、それぞれの現場で心ある人たちが工夫を重ねているのがわかります。

「もう少し様子を見ましょう」といった診断する側の発言ですけど、もちろん経験の少なさや善意から出ている場合もあるかもしれませんが、やはり診断をつけたからといってどこにも行く場所がないと困りますよね。

日本の場合は一歳半検診や三歳児検診で発見されるケースもじょじょに増えてきているようですが、はっきり「障害」と言われないで、でも実は結構手厚い手を打ってもらっていることもあるようです。

というと？

比較的支援体制が充実している自治体の場合、「ちょっと言葉が遅いかもしれませんね」等の言葉で言語療法とかを薦められたけど全部無料だった、とか、通園施設とかを薦められた、という親御さんのお話も聞くことがあります。で、そこでみんなが集まると「自閉症というのは～」と説明が始まったりする。それで「え、うちの子障害児だったの？」と初めて知るというような。

その方が受け入れやすいのかな？

障害のイメージがオドロオドロしいときには、「ちょっと言葉が遅いですね」「○○傾向ですね」の方が受け入れやすいのかもしれません。

でもそれだと、正確には伝わらないんじゃないでしょうか？

「もっと最初からはっきり言ってほしかった」という親御さんもいらっしゃいますね。親御さんの性格にもよるのでしょうが、とにかく診断を告知するのなら「打つ手」もセットになっていてほしいですよね。これからは各地の発達障害支援センターなどが、その窓口になっていくのかもしれませんね。

早期介入がいちばん大切

トニママさんは、早期介入の必要性を強調していますね。

これはあちらではかなり認識されていることのようです。「何がいちばん大事だと思いますか?」という質問にはおきまりのように「早期介入」という意見が返ってきました。

プレスクールも、定型発達の子より早く始まるというのがいいですね。

いいですよね、行く場があるって。ただこれも、社会制度の違いがあって、一概に「日本には全然こういうのない」とは言い切れないんじゃないかと思いますが。

たとえば横浜には「地域療育センター」とか「自閉症支援室」とか「横浜障害児を守る連絡協議会」とか「訓練会」とか色々頼るところがあります。親御さんやコーディネータの方たち、それに専門家が横のつながりを持っています。とても優秀な方たちが多いですし、こういうところで活動するお母様方はニキさんのいう「カンのいいお母さん」が多いです。勉強会もひんぱんに開かれ、多岐にわたる話題について私もずいぶんいろいろ学ばせてもらっています。横浜の市立小学校では学校での学童保育とも言える「はまっ子クラブ」というのがあるんですが、そこにどう障害児を参加させていくかという行政側とのミーティングにも参加させていただいたことがあります。横浜市も財政難ですが、その中でもなんとか障害児とその親のノーマライゼーションをはかろうという意図は見えます。納税者として、「やるじゃん横浜市」と思いました。

やっぱりそこでも親デバイドは出てくるんでしょうね。そういうことに熱心に取り組む親とそうじゃない親がいるだろうし。情報だってただ待っている親と積極的に自分から取りに行く親がいるわけでしょう。

そうですね。トニママに言わせると「日本は親の負担が大きい。行政がしてくれないから親がやるしかないんでしょうけど」ということですが、してくれない自治体もあるんでしょうけど、少なくとも横浜を見ている限り、行政が何もやっていないとは決して言えないと思います。行政が親より知識の点で乏しいんですけど。そして知識が乏しいと、結果的に費用が余分にかかったり、その割には効果的じゃなかったりしてもったいなくはあるんですが。

親の負担が多い日本、学校の負担が多いアメリカ

むしろ私は、日本で言う「通園施設」や「地域療育センター」などの施設、あるいは幼稚園・保育園における加配制度なんかが、日本では「プレスクール」的な役割を果たしているのに、どうしてアメリカはなんで全部学校にやらせるんだろう、とフシギでした。

連携がとれるからかな。

そうですね。それは大きいようですね。たとえばセラピーを受けているところを、担任の先生が見学できたり、そういうメリットがあるようですね。でも連携だけが問題なら、横のつながりを強化すればいいだけの話ですよね。

ワンストップで色んなことができて便利だからかな。

それもあると思いますね。それは女性が働くことを期待されている度合いとか、送り迎

えの問題にもかかわっているのかもしれないと思います。「女性の社会進出が保障されている」というより、アメリカ、とくに今回取材をしているサンノゼ地区については、お母さんも家計の担い手としての役割が期待されている、いえ課せられていると言ってもいい状態だし、治安と交通手段の問題で、日本と違って「自立登下校」というのはありえません。そうするとすべてを学校ですませたほうが便利なようです。

　でもこれはこれで問題があるんですけどね。それは次の章で触れましょう。学校の負担が多いことによって、日本とは別の種類の縦割り行政があって、結果として親の交渉材料は増えますね。

天才児も支援の対象

多民族国家で、違うのがあたりまえとされていると、私なんかにはラクだと思いますね。学び方もそれぞれ違って当然だと思ってもらえると手も打ってもらえるし。

そうですね。日本人でも、そういう違いの存在を認められる人とそうじゃない人がいますね。地域性もあるだろうし。

私はアメリカで天才児が支援対象になっていることに感動して、色々本を読んだことがあります。天才児って、放っておくと通常の授業だと退屈したりして、ときには他の子にちょっかい出したりして、やはり支援が必要な対象だということが認識されているようですね。

天才児向けのクラスも、宿題をやるのを怠けてしまう子向けのクラスもあるそうです。そして面白いことに、その両方に在籍している子もいるんですよ。

自分の子どもにＩＥＰを受けさせることに対して、障害児扱いされているんじゃないかとか、そういうマイナスのイメージを抱いて、躊躇してしまう親御さんもいらっしゃるかもしれません。でも英語が第二言語の子とか、ボディバランスが悪いだけの子とか、それこそ天才児とか、そういう子もＩＥＰの対象となると、親としても特別な支援を受け入れやすくなるんじゃないでしょうか。

ただ、日本の現状はやはり集団教育だから、定型発達児、いわゆる健常児一人ひとりの特性にまで注意を払った上で、ＩＥＰを障害のある子にもない子にもしてください、となると、やはり学校の負担が多すぎて「やってらんねえよ」っていうことになって、必要な人までＩＥＰ

を受けられなくなったらいやだなあ、という気はします。日本でも（都市部では）行く学校の違いというかたちで才能のある子なりの教育はされているし、本音を言えば私は元・定型発達児として、集団主義の教育で全然痛痒を感じませんでした。というか、特別な注意を払われるのはうっとうしかった。

定型発達児だった浅見さんは、自分にとって効率のいい学び方が、学校の場で受ける学び方と違う、とは感じませんでしたか？　もっと個性を重んじた教育をしてほしいとか。

学校という学び方が自分にとっては非効率だな、とはいつも感じていました。私はやはり本から知識を得るのが向いているので、講義形式は退屈でした。自閉スペクトラムの人はよく学校はお勉強するところだと教えられると、お掃除も朝の会も帰りの会もお勉強だと思って、この小さな誤解がまた大きな誤解に発展していったりするようですが、私は「学校っていうのは、どうやら勉強以外に何か目的があるらしい」と早いうちに気づきました。だって勉強の効率だけ考えたら、一学期に二回行けばいいと思って。教科書受け取る日と、テストの日だけでじゅうぶんじゃないですか。講義聞くより自分で教科書読んで、周辺の資料を読書する方が自分としてはずっと効率がよかったので。

個性を重んじるっていうのは、私は学校には期待しませんでした。個性っていうのは教師に見つけてもらうものじゃないし。厳密に言うと、学業の場ではなく仕事の場に出ないと本当の自分の個性はわからないと思うので。とにかく仕事の場に送り込んでもらえたからそれで充分です。

浅見さんはやはりツブシが効いたんですよ。学校の提供する学び方と自分にぴったりな学び方は違ったんでしょうけど、とりあえず学校の提供する学び方でも学んで、社会に出て行くことができたんですよ。それに、周りからとか状況から学ぶことができた。私たちはそれがしにくい認知特性を持っています。

私はツブシが効く方では決してありませんが、学校に関してはそうだったのかもしれません。だから、定型発達児に自閉っ子と同じような手厚い支援が与えられないとしても、それが不公平だとは思いません。

それに私たちは、能力のアンバランスを極端に持っていますよね。できないことは徹底的にできないから、「あれができるのにどうしてこんなことさえできないの？」と言われながら育ってきたわけです。で、やがて「残存能力」で勝負しなければならないことに気づくんですが、世の中にどういう仕事があるかという情報も、定型発達の人のように自然に取り入れられるわけじゃないから、「自分探し」の時期が長くなってしまう。『さあ、どうやってお金を稼ごう？』（準備編・就職活動編がある。デイル・ブラウン著）を訳したときに思いましたが、私たちはあの本を参考にしなきゃいけないところまで追い詰められているんです。

翻訳者って世の中的には華やかな職業に思われているフシもあるんですが、私はできないことをつぶしたらこれしか残らなかった。「カッコいい仕事しかしたくない」って言ってプータローしていたわけじゃなく、本当に自分にできることが翻訳にめぐり合うまではなかったんです。それに「いつまでも自分探し」って揶揄されようと、やはりなんの支援もなしには自分探しに時間がかかってしまうんです。

それに、自分探しが長びく原因は認知力の弱さだけじゃないと思います。ほかの人たちがゼロから出発するところを、マイナスから出発しなくてはいけないから。「あれができるならこれもできるだろう」という周囲の間違った思い込みを信じていたところから出発して、それを「違ってた」と気づき、忘れるところから始めなきゃいけないから。

使われすぎた言葉だからたしかに恥ずかしいんですが、自分探しってのは、セルフＩＥＰなんですよ。まあ学校……Ｅじゃありませんけどね。

なるほど。私は、自閉の人にではないけれども、色々な人に「いつまでも自分探してるなよ」みたいなことは言ってしまったことありますね。とくに、自由業志望のフリーターたちに。

で、そういう人たちがどうして「どうスキルを磨くか」「どう仕事をゲットするか」わからないのが不思議でしょうがなかった。自分は実地で覚えたんで、なんでわからないんだろう、と。

でも、職業の場にたどりつくまでに、やはり集団教育だけだと難しい人がいるということですね。でもニキさんも学習面はついていけたわけでしょう?

学習面は。ただ、それこそ掃除や朝の会や帰りの会が「お勉強」じゃないとか、友だちは学校の備品じゃないとか、特別に教えてほしかったことはたくさんありますが。あと、計算問題や漢字の書き取りは素早くできても、文章題には解くのに時間がかかりました。自由学習とか苦手でしたし、遠足の感想文も「心がこもっていない」と言われました。「○○さんたちと遊びました。とても楽しかったです」という先生たちが子どもに期待する作文ではなく「どこどこの壁にブロックが積んでありました。定規をもっていなかったので何センチ×何センチか測れなかったのが残念です」というような作文を書いては叱られていました。

時代との相性もあると思うんですが、私たちのころは詰め込み教育がよくない、と叫ばれ始めたころで、「計算や暗記だけじゃだめ」と応用力の大切さが指摘されていました。その中で注意ばかり受けるので「自分はだめなんだ」という思いを強くしていきました。

学習面ではついていけても、そういう世界の切り取り方の違いを抱えている子どもの存在には気づいてほしいですよね。日本も昔より、ずいぶん色々な人が生きやすい社会になってきたようには思いますが。

就業のときなんかも、心の広いというか、変人許容度の高い会社や業界を選んだほうがいいかもしれませんね。

一方で私、実は、みんな似ている、っていう国民性にもメリットはあると思っています。ストレス少ないし。コミュニケーションにコストがかからない。良質な給食が提供できたりもするし。でも日本にだけいると、なかなかその良さに気づかないんですが。

アメリカでは色々な宗教の人がいて、「メリークリスマス!」も気軽に言っちゃいけないのに、クリスチャンが少ししかいない日本では、なぜかクリスマス会が和気あいあいと開けますよね。「とんでもない人がいる確率が少ない」っていうのは、実は治安その他の安定要因としても作用してますからね。日本の療育システムを考える際にも、これは日本の長所として活かしていくべきだと思いますね。日本の現状を、嘆いてばかりいないで。

「税金返せ！」

ただその均質な国民性の中で、「障害児だけに予算をかけるのは不公平だ」っていう人もいるみたいですよね。

「元・いわゆる健常児」として言わせてもらえれば、「できあいの教育を受けるのも個別支援」だと思います。

たまたま障害のあるお子さんの個別支援は予算を余分にとるかもしれないけど、それぞれ合った教育をされていれば、あまりセコいことを言わなくてもいいんじゃないかと納税者として思いますが。

同じ納税者でも「税金返せ！」と言う人もいます。

そういうこと言う人は、どのくらい納税しているのかなあ？　いや、国としていいことではないけど、二〇〇四年度なんて、国家の予算の半分しか税収がなかったわけですよ。で、税金っていうのはすごく儲かっている企業や個人がたくさん払っているから、たいていの人はそれほどの税金は払っていないんじゃないでしょうか。

そうか、そういう風な考え方があるんだ。

それに本来、税金っていうのは「富の再分配」なわけだから、自分の払った税金が自分に返ってこなくても文句を言う筋合いではないわけです。かと言ってもちろん、いろいろ話題になっているような無駄遣いはしてほしくはないけど。

いや、税金が「富の再分配」だということは頭ではわかっているんです。障害児や障害児の家族が遠慮する必要はない、と口では威勢がいいことも言っているんですが、気持ちがついていかなくて、何度も自分に言い聞かせなくてはならないんですね。

日本人にはいいところがたくさんあるけど、どういうわけか「国に何をしてもらうか」

に汲々としてる人が多い割に、「この国をよりよくするために、自分に何ができるか」を考える習慣は持っていない傾向がありますね。学校でもそれは教えないし。障害者への思いやりを根付かせるには、人権教育だけじゃたぶん足りませんよね。国民としての自覚と責任を促さないと。

格差社会とIEP

それにしてもアメリカのＩＥＰって、相当「親デバイド」を生みそうですね。交渉ごとが上手じゃないといけない。「戦うか、逃げるか」を選ぶ場面で、「逃げる」を選ぶ人は向いていませんね。

法律を盾に戦う、っていうのは我々の国民性には合いませんね。それでも予算がたっぷりある時期には、あてがわれたものだけでも満足する水準の支援が得られるのでしょうし、まったく支援制度を期待していないときにはありがたく感じるのかもしれません。

でも今のカリフォルニアのように財政難でそうじゃないとき、親もしっかりたびたび変わる法律を勉強して、理論武装して、きちんと交渉して、ときには弁護士を頼んだりして、支援を勝ち取らないといけないんですね。それができる親とできない親ではすごく差が出てしまうんですね。

カンがいい、悪いだけじゃなくて、親の教養や交渉力、経済力なども子どもの療育に関係してきます。もしかして人種も関係あるのではないかと感じている現地の日本人の方もいました。もちろん、感じていない人もいますが。

個性の違った人たちを世界中から集めて機会を与え、競争させるアメリカと、均質な人たちに一律の教育をしてきた日本。それぞれ国家戦略が違って、違う教育制度を作ってきました。ＩＥＰの先進国として学ぶところは多いけど、日本オリジナルの制度を考えなければいけないのはここからもわかると思います。

アメリカでは行政に地域差もあるんでしょうか？　日本もこれから、理解のある自治体とそうでない自治体、お金のある自治体とない自治体の間で差がついてきそうですよね？　なるべく一律にサービスが受けられる体制の方が望ましいと思いますが。

地域差に関しては、日本人の感覚を超えたものがあります。同じ市内でも、お金持ちが住む地域は、教育予算がたっぷりあるそうです。そして現地の人は、それをあまり不満に思っていないようなのですね。親ががんばってお金持ちになって、高い家を買ったり借りたりして、結果的に固定資産税をたくさん払っているのだから、その見返りがあって当たり前だという考え方を、非常にすんなりと受け入れているようです。これが資本主義だ、と。県とか市レベルではなく、車で少し動くだけでも受けられるサービスが違います。さっき、税金は富の再分配だと言ったけれども、こういう考え方のもとでは、固定資産税が富の再分配として機能していません。

格差社会なんですね。

格差社会だし、日本と違ってそれを問題にしていません。優秀な移民、意欲のある発展途上国からの移民が次々入ってきて、日本より厳しい競争社会です。だからこそ、普通より弱いところのある子に手厚い支援をして、スタート地点を平等にしなければならないという意識を持ちやすいというプラス面もある反面、厳しさも感じました。

私は一人の日本人として、弱いところのあるお子さんにフェアなスタートを切ってもらえるよう、余分にお金と手間暇をかけるのは、「平等」だと感じます。けれども、お金持ちの住む地域によりたくさんの予算があてられることが、勝ち組に対する「平等」だとは感じません。

皆さんはどうなのでしょうか。
いずれにせよ日本では、日本人の心情にあった制度を作っていってほしいと思います。

ＩＥＰが個人交渉っていうのは、どういうことなんでしょう？　実際どういう風に進むんでしょう？　それに、どうやって民の力を利用しているのでしょう？

次の章では、それを見てみましょうね。

自閉症というのは
生まれつき
脳の仕様が
物理的に
フツーの人と
違っていると
いうことで…
しばしば
人格的な障害と
混同されるのは
本当に困ったものー
まっ
自閉っ子には
自閉っ子なりの
行動の理由が
あるわけなんだけど…
ひゃ〜
これは想像図です
こっちこっち あたしよ〜
おーいニキ! ヨーコにパス!
ヨーコとか あたしとか 言ったって…
私みんなの 顔なんて 区別 できないのに…
コチン
カチン
この図も 想像です
こーいうと 人格の欠落と 誤解されますが 完全な間違い!
どこ投げてんだよ!
バーカ
えい
だから私… 体育の時間は ヤだったな〜
人の表情が 読めないので 他人の心が わからない
それが 心の闇を 作るわけ ですね〜
なるほど
加えてツラい 幼児体験…!
ほんと やめてよね〜 心の闇だの 何のって オソロシゲな 見方すんのさ〜
気にかけて くれるのは ありがたい けど!
まっ 無用の 深読みって ヤツよね〜
こんな お気楽キャラに 何言ってんの かしらね〜
だんだんだん
こんにちは〜 トニーくん いい子にしてた〜?
♪
あっ こんにちは あさみさん
あさみさん
成田 エクスプレスの
乗り物と人を ペアにして覚える トニーくんでした
ピピピピ
ここで 一句
自閉っ子 深読みしなけりゃ うまくいく ニキリンコ
意外と
そのワケってーのが
単純なモン
だったりするん
ですね〜

〈トニママ、語る　パート3〉
IEPの現場から

サイコロジストに案をもらう

さて、それでは具体的に、トニーにはどういう教育・療育がふさわしいのでしょう？

そしてどうやれば、学校区に必要な支援を提供するよう、納得してもらえるのでしょう？

自閉児の親とはいえ、自閉症に関しても、療育に関しても、まるで素人だった私たち両親には、最初はそれがわかりませんでした。

そこで、トニーのための「IEPミーティング」（学校区・療育関係者との話し合い）を控えた私たちは、診断を受けたスタンフォード大学のサイコロジストにアドバイスをもらい、推薦状を書いてもらうことにしました。

このようにアメリカでIEPを受けるときには、専門家の意見を聞くことができます。様々な法律に通じ、権利を擁護してくれる「アドボケイト」という職業もあります。また、弁護士をミーティングに連れていくことも可能です。

もちろんプロフェッショナルの人に動いてもらうには、それなりにお金がかかります。とくに弁護士などは自宅を出てから自宅に帰るまでの時間にたいして料金が発生するので、しばしば親は高額な負担を余儀なくされることもあります。

上手に交渉すれば療育は無料で与えられますが、そのために親はかなりのエネルギーとお金を費やすこともあります。ある程度受け身でいられる日本とは違い、本当にここはいちいち声を上げること、交渉することが必要な国なのです。

サイコロジストとの話し合いによって、まず決まったことは、トニーをすぐに就学させるよう要求してみることでした。

カリフォルニアでは義務教育は五歳から始まります。けれども「スペシャルニーズ」を持った子どもの親には「早期介入」を要求する権利があります。

それに基づいて、トニーをすぐに地元の自閉児クラスに入れてもらえるように交渉することにしました。

診断という「お墨付き」がある以上、これはあっさり聞き分けられました。とくにスタンフォード大学の診断は詳細にわたるものでしたので、そのまま受け入れられました。

このときしっかりした診断書を持っていない場合は、学校区の用意した専門家により再評価されることもあるようですが、スタンフォード大学の診断書はなんの問題もなく審査を通りました。トニーは支援の必要な対象として、自閉児であるがゆえに、通常より一年早く就学できることになったのです。


就学と同時に、トニーが生まれつき持つハンディキャップを補うための療育プログラムも要求することができます。日本では学校と療育センターが別々に機能していることが多いようですが、アメリカでは「学校区」が療育センターの一部を受け持ちます。つまり、学業に支障をきたしそうなハンディキャップに関しては、「学校区」に責任があるのです。

一方余暇や放課後活動などに関しては、また別の「リージョナル・センター」というところと交渉します。こちらは、学校生活以外の場面での支援サービスのアレンジをしてくれます。

スタンフォードのサイコロジストは私たちに、まず行動療法を勧めてくれました。これは日本でも知られていると思いますが、「いいことをしたらほめる、悪いことをしたら叱る」方式で、行動修正を図る療法です。

何事にもストレートなアメリカ社会では、自分の子どもが自閉症だとわかったとたん、週数十時間もの行動療法を要求する親もたくさんいます。時間が多ければ多いほど「学校区」が負担する金額も多くなるわけですから、親の要求が多ければ多いほどあちらもあっさり聞き入れず、当然もめることになります。

けれども私たちは、それほど極端な要求をする気にはなれませんでした。何事もバランスが必要だと思ったからです。トニーには、自閉症を克服する以外の時間だって必要なはずです。

そこで一日二時間、週十時間の行動療法をお願いしてみたところ、これはあっさり認められました。これは当時、親の要求としては最低の時間数でした。

作業療法

次に私たちが要求したのは、OT（Occupational Therapy＝作業療法）です。

日本でも最近『自閉っ子、こういう風にできてます！』等の本によって、自閉児・者が抱える身体機能の問題が注目されるようになってきたようですが、研究の進んでいるアメリカでは、自閉の人たちが私たち定型発達の人間とはまったく違った身体機能・感覚の問題を抱えていることは、すでに常識と見なされていました。放っておくとこれは、生活の様々な場面に支障をきたす原因となります。そこでスタンフォードのサイコロジストは、トニーにはOTが必要だとIEPミーティングで交渉するようにアドバイスしてくれたのです。

けれども学校区は当初、この必要性を認めませんでした。

OTが必要だというスタンフォードのサイコロジストの判断を、学校区の作業療法士が、見直すというのです。そしてその結果、トニーにはOTは必要ないと主張するのです。

理由はスプーンも鉛筆も持てるし、「ケンケンパ」もスキップもできるから、ということでした。それだけの運動機能がある以上、「学校生活に」支障があるようなことはないので、「学校区が」OTをつける必要性はないと言うのです。

しかし、トニーは外遊びが苦手でした。普通の四歳の子のように公園で遊具を思いきり楽しむこともしませんでした。家にいても床にゴロンと寝転んでいることが多かったのです。

親としてこれはなんとかしたいという気持ちでした。

視覚刺激によって困惑することもありました。たとえばクレヨンを五色なら使い分けられても五十色だと選べなくなったりしましたし、今も楽譜を見ると線だらけで困惑しています。

こういうことを治すためには、OTによる感覚統合(sensory integration)訓練をしてもらう必要があるとＩＥＰで主張しましたが、「学校は勉強するところで、そのために必要なセラピーはするが、学校生活に直接関係ないセラピーは提供できない」と言われました。

けれどもＩＥＰへの推薦状を書いてくれたスタンフォードのサイコロジストは、「今から感覚統合をしないと、小学校で二桁、三桁の繰り上がり、繰り下がりの計算とかに苦労することになると思いますよ」と言っていました。そこまで話すと、「学業に関係がある」という理論武装がやっとできたため、ようやく学校のサイコロジストからＯＴ必要の許可がでました。

こうやって一件落着してようやく、私たち親や学校区の担当者、担任に療育者といった全員がＩＥＰフォーム（どういうＩＥＰを受けさせるか、親や関係者が合意事項を書き入れる書類）にサインすることになります。アメリカでは、たしかに障害児に対する行政の理解や保護はありますが、契約社会アメリカで障害児を育てることは、こういうことなのです。

ちなみにこのＩＥＰフォームはずっと保管され、その機密性は、親に属します。つまり、親が了解のサインをすれば関係者は見られますが、親のサインがなければ見られません。逆に親がサインをし、支援に携わる人たちに情報を共有してもらえれば、生涯にわたるサポートを得るための大きなヒントにしてもらえます。

当時、学校には感覚統合訓練のための設備がなかったので、民間のクリニックを紹介してもらいそこへ通うようになりました。費用は直接学校区からクリニックにいくシステムで、契約時の条件は週四十分、スクールデーの時に限る（つまり、学校が休みのときはセラピーも休まなければならない）ということでした。

このようにアメリカでは、療育にかなり民間の力を活用しています。以前は、公の機関ですべての障害児をケアしようとしていたらしいのですが、それでは待機期間が長くなったり、その子に応じた柔軟性のある対応ができなくなるなどの問題が出てきて、様々な紆余曲折を経て、今は行政がお金を出し、民間業者を活用する形になっています。学校の判断で、実際には学校区が全額負担するのではなく健康保険を適用する例もあるようです。

自閉症に関する知識が進んでいることもさることながら、やはり行政からお金が出るとなると、業者も切磋琢磨して様々なセラピーが生まれてきます。

その結果として、療育を提供する民間業者は激しい競争をしています。そのビジネス合戦に巻き込まれないように勉強するのも親の役目です。また我が家の場合は幸い、今まで何度か交渉すれば要求が通ってきましたが、そういうケースばかりではないようです。学校区に拒否されてもどうしても親がセラピーを受けさせたければ、自費で受けることになります。

ゴールを設定する

ＩＥＰフォームには、「長期的な目標（ゴール）」と「短期的な目標」を書き入れる欄がありま す。その子にＩＥＰを施すことによって、どういう目標を達成することをねらうのか、最初に親 と関係者が合意しておくのです。そしてこれは決められた時期になると「〇〇パーセント達成」 と数字で示すことになります。

私たちは「長期的な目標」を「普通クラスに編入し、自力でやっていけるようになること」と 定めました。そして短期的な目標を「こちらの働きかけにトニーが反応するようになること」と 定めました。

このように親と学校と療育サイドが話し合い、目標を共有できるのがＩＥＰのいいところです。 専門家の力を借りながら、親がはっきり自分の希望を伝えることができると、絶望せずにすみま す。

アメリカでは親が一生子どもの面倒をみる習慣はありません。たとえ障害のある子でも、いつ かは親元を離れることを前提に療育が進みます。日本の現行の制度より、親への負担の少ない制 度をあたりまえとして受け止められる風土があります。

この夏、日本に一時帰ってきて日本で自閉児を育てている親御さんたちとも交流を持つ機会がありましたが、日本では親の負担が多く、その分親御さんたちが優秀だと思いました。けれどもこれまでお話ししてきたようにアメリカも、「手取り足取り」の世界ではないのです。ただ、知識が豊富な専門家がたくさんいることに親は助けられています。日本でも自閉症の知識を持った専門家が増えて、早期介入の必要性が認められるようになればいいと思います。そうすれば日本は日本の良さを活かした療育システムができると思います。それが思春期以降の二次障害を減らすことにつながるのではないでしょうか。

自閉っ子の未来計画

自閉は治る?

花風社　二〇〇四年、初めて自閉っ子療育事情を調べにアメリカに行ったとき、いちばんびっくりしたのは、「自閉症は治る」って信じられていたことなんですよ。

ニキ　成人の当事者たちは、アメリカでもその考え方に抵抗感を持っています。「治す」を表す英語のＣＵＲＥは、「あのＣのつく言葉」みたいな感じで嫌われたりしています。

そうですか。トニママにご紹介いただいたスクールカウンセラーの方とのミーティングで、「日本では自閉症は対処して生活の質を上げることはできても、治らないというコンセンサスができている」と言ったらあちらがびっくりしていましたよ。「アメリカ人はなんとかすれば現状を変えられると信じたい人たちだから」と言っていましたが。いったん腹をくくって（診断を受容して）しまえば、ありのままを受け入れるのは、むしろ日本人のほうが上手な気がしました。

だとすると、診断がついてIEPの交渉をするとき「うちの子の自閉症を治してね」って要求する親もいるんですかね？

いるみたいですね。また産業として発達しているだけに、「お宅のお子さんの自閉症治しますよ」みたいな業者も出てくるわけです。診断された当初、親はそちらの誘惑に苦しむこともあるようですよ。

日本でも話題になった水銀療法みたいなものですか？

水銀療法もそんなにインチキだと思われていないような感じを受けました。大まじめで検討されているみたいだし。自閉症が治る、っていうのは極端にしても、とりあえず見かけだけでも「ふつう」の子にしてほしい、だから週四十時間行動療法してほしい、とかそういうことを言い出す人も出てくるわけですね。ニキさんなんかはそういう考え方好きじゃないんじゃないかと思うけど。

もう一度自閉っ子に生まれたいのにな〜。

ところが同じスクールカウンセラーの方が言うには「でも結局、親が自閉症のままでいいと受け入れた子どもの方が状態が良くなるのよね」と。

そうか、そうか。

そうなんですって。おそらく、「あんたはダメな子なのよ、不完全な子なのよ、変わりなさい」っていうメッセージを知らず知らずのうちに受けている子より、弱いところを埋めるトレーニングは受けているけど、ありのままで愛されている子のほうが、結局はよくなるんでしょう、ということでした。またトニママの言うようにやはり生活にはバランスが大事で、週に何十時間もセラピーを受けたりした子もあとあと状態がよくなくなることも多いそうです。

四種類の診断書

今回アメリカに行って、トニママのお友達にもたくさんご紹介いただいたんですが、その中のお一人がご自分のお子さんの診断書を見せてくださったんです。三歳の時に診断受けているんですが、四種類あったんですよ。

四種類？

そうなんです。その中の一つが「学校区」の診断書でした。

どんな人たちが診断に当たっていましたか？

精神科医だけではなく、言語病理学者、心理士などの意見も聞いていました。このお子さんの場合にはまだ座ってテストを受けられる状態ではなかったので、両親からの聞き取りとか専門家による観察とかが主でした。面白かったのは、必ずしも医者の意見がいちばん細かいわけではないこと。心理士のほうが観察が細かくて、非常に具体的にセラピーの方法を推薦したりしていることでした。

診断は、「どういう手を打ったらいいか」を考える手がかりですよね。知的障害なのか、自閉症なのか、あるいはなんらかの精神障害なのか、きちんと見極めないと適切な手がとれない。むしろ、間違った手段だと逆効果になることもあり得るし。

手がかりという性格が強い診断書でした。何も打つ手がないと、「様子を見ましょう」になってしまっても、何か打つ手があると診断する方もそう言わずにすむのかもしれないな、という印象を受けました。ただ、その後必要な支援が公的に保障されるか、要するに無料で受けられるかはまた別の問題なんですが。

IEPはしんどい？

そのためにはずいぶん理論武装が必要なんですね。他人の助けも。

そうですね。受け身ではいられないんですね。今の日本ではまだ制度構築期だから、当然親御さんたちは受け身ではいませんが、アメリカはシステムが整っていてもやはり受け身ではいられないんですね。

日本ではＩＥＰっていうと「個別の特性に応じた教育」とひたすらポジティブにとらえられているんですが、アメリカのような個人主義の契約社会でのＩＥＰは、親による「予算ぶんどり合戦」の色彩があるんです。日本も各省庁が財務省に働きかけて予算をもらうでしょう。それの極小さい版をそれぞれの親御さんがやる、っていう感じです。

しんどそうだなあ。少なくとも日本人には。それに、交渉次第で得られる支援が変わるっていうのはどうなのかなあ。

実際「ＩＥＰはしんどい」という意見も聞かれますよ。

その分、頼るべき専門家が別にいるというわけですね。アドボケイトとか弁護士とか。トニママの場合だと最初にサイコロジストに相談したんですね。

そうですね。おそらくそういう相談なしに「学校区」に頼っても、とくに予算の多い時期には、それなりに支援が得られるのかもしれないです。

身体の問題がわかっている

でもそれだと予算が削られている時期や、今のように診断される子が増えている時期には十分な支援が受けられないかもしれないんですね。トニー君も「学校区」の言いなりだったらOTはつけてもらえなかったんだ。

トニー君の機能レベルだと、学校区が「OTはいらない」と判断したんでしょうね。たまたまそのとき学校に設備がなかったというのも、もちろん影響があったのかもしれません。ニキさんの身体感覚だって私から見ると大変だなと思いますが、ニキさんはまがりなりにもちゃんと高校まで乗り切れたんだから、「学校区」が判断したら「OTはいらない」だったかもしれません。

たとえば、靴ひも結ぶテストってありますよね。私は靴ひも結ぶテストはクリアできますが、それが生活の役に立っているかというとあやしいな。たとえば、靴ひも結べてもそのあと数時間寝こまないといけないようだと、靴はいたら出かける、という場面では使えませんよね。私の場合寝こむことはないけれど、その前の記憶が飛びます。世界が結び目でいっぱいになるから、何のひもだったか、何のために結んでいたかは前世のことのように忘れてしまったり、他人ごとのようにどうでもよく感じられたりします。

反対に、「たくさん結び続けたくなる」という人も知ってます。一つ二つでやめることがすごく難しくなるそうです。イメルダみたいにほしいんだって。

これと一見反対だけど原理が似てるのは、がんばって結び終えても、いつまでも目の前でひも結びの手順のアニメーションがちらついて止まらないので、まっすぐ歩けない、というやつ。小さいときの私はこっちだったかな。テレビなんかを見て埋めつくすか、「ぐるぐる回り」なんかをするか、布団に入って目をつぶってマブタを押したりこすったりして天然生理アニメーションを見る。そしたら眠ってしまって、眠れたら治った証拠。

はあ、なるほど。奥が深いですね。靴ひもひとつとっても。それに、やはり自閉といっても苦労の形はさまざまなわけで、まわりの観察が大切なのがわかりますね。私も自閉の方たち

と接している身として、その当たりの苦労は観察しているんですが。食事一つとるのだって私たちより集中力がいるみたいだし。

私、ネコのひげもついていないみたいなんです。

ネコのひげ?

そうです。ネコってひげで自分の身体と周りの距離を測っているでしょう? 人間は一般にたぶん、ひげじゃないところで自分の身体と周りのものの距離をはかっているんですよね。だから物にぶつからずに歩ける、ふつうは。

そうですね。

私はそれがやはりオートマティックにできないんです。実家に帰ったりすると、木造一戸建てだから、ふだんより寒くてふだんより厚着するでしょう? そうしたらぶつかったり転んだりひどいんですよ。どうも身体の感覚が違ってしまうみたいで。

一、二枚着込んだだけで違ってしまうんですね。やっぱり調節が難しいんでしょうね。

私がアメリカで感心したのは、知識、つまり「自閉がどういう障害かわかっているんだなあ」に対してなんです。ひとつは知的障害のあるタイプ、ないタイプを地続きで考えていること。知的な遅れがなくても、生きていくのが困難なのだとちゃんとわかっていること。道徳論でどうにかなるものではないとわかっていること。そしてもうひとつは身体に注目していること、とくに、OTが自閉っ子にともすれば必要であるということが当たり前に受け止められているという事実でした。

私たちが『自閉っ子、こういう風にできてます！』で訴えた「自閉の身体障害的側面」にずっと前から気づいていたんですね。

そうです。ココロの問題だけじゃなく、身体機能や感覚の統合の不具合が世界観・学業・就業などに大きく影響することを知っていて、それに手を打つことが当たり前に受け止められています。日本にも作業療法はあるけれども、発達障害の人への必要性はあまり広く認められていなくて、作業療法士さんも、リハビリが必要な方に関わっていることが多いようですね。一部の親御さんは作業療法の必要性に気づいて、なんとか地元のリハビリセンターや療育センターのアポイントメントをとってお子さんに作業療法を受けさせたりしていますが、受けていない人も多いし、受けたとしても時間数はずっと少なくなるようです。
　また日本ではOTの方もお医者様の監督下で仕事に当たらなくてはいけないそうで、学校でOTを受けたりするのは難しいようですね。

　でもトニー君も民間のセラピストのところに行ったんですね。お金は誰が出したんですか？　学校区ですか？

自閉っ子療育民営化の現場

　そうです。私はこれ、行って質問いっぱいして、初めてわかったんですけど、あちらでは、行政サービスが広く行きわたりかつ安上がりに上げるシステムを工夫しているんですね。たとえば自治体が「○○センター」というハコモノを抱えて人を雇い、そこですべてのニーズを満たそうとすると、とくに日本の場合公務員には手厚いから、高くつくわけですよね。ボーナスから退職金まで全部、セラピー時間当たりのコストにはねかえってくるし。診断される子が増えても、人はそんなに増やせないですよね。

そうですね。しかも診断される人が増えれば増えるほど、待機する人が増えますね。

ところがアメリカでは、民営化できるところは民営化して、安上がりにしかもフレキシビリティのあるシステムになっているんです。セラピストにしても、必要に応じて官が民間から雇うかたちになっている。必要なときに時間ごとに雇えばいいわけですから「〇〇センター」を構えるより安上がりなわけですね。すると受けられるセラピーの時間数も多くなる。

しかも必要な人が出てくるたびに雇えるんですね。必要な人数全員を公務員として常勤で雇っていたら高くつくけど、こういうやり方だと高くつかないんですね。それに、人間やはりお金が絡むとがんばるじゃないですか。札幌もこの冬は大雪ですが、商店につながる道はきちんと除雪されてますよ。お客が来ないと困るから。ビジネスとなるとがんばりますよね、人間。

ただし、これには負の面もあります。ニキさんも個人事業主だし私も経営者だから、公務員やサラリーマンの方より「受注」ということには敏感にならざるをえないですよね。

そうですね。サラリーマンの家庭に生まれて自由業に乗り出すのに、心理的に乗り越えなければならない壁はたくさんありましたが、そのひとつはこの「受注」っていうところでしたね。「受注」するために積極的に働きかけなければいけないのが、具体的に言うと無名で誰からも発注がないのに一冊自分ひとりで訳してみて出版社に持ち込んだりすることとかが、自分が生まれ育った環境だと「みっともない」ことになっていたりして。

たとえばトニー君のOTは、学校が休みのときは休みになります。これはセラピストの方から見ると、休みの時はその分お金が入ってこないということになります。

そうですね。それで平気なのかな。

自由業と考えると、そうしたらまたセラピストの人には、自分で受注を探すという手があります。ニキさんが最初、「この本やりませんか？　こっちはどうですか？」と花風社に売り込みに来てくださったように。こうやって、業者としてもまれていくわけですね。

実際学校にやってくる言語療法士の方がプライベートでも開業していて、そこに今度は自費で通わせたり、という親御さんもいましたね。

療法士から見ると、学校に出向いて行くのがいい宣伝＋客引き活動になりますね。トニママのいう「激しい競争」も生まれてくるでしょうね。

専門家が多くなるっていうのには、こういう仕組みがあるんですね。官が支援を与えながら、民が競争しているんです。

不安定雇用でいいんでしょうか？　セラピストのほうは？

トニママが言うには「アメリカは誰もが波瀾万丈だ」と。日本人ほど安定志向がないこととか、女性の社会進出が「権利」っていうより「義務」みたいになっていることとか、そういうことがセラピストの多さを支えているようです。あと、やり直ししやすい社会だっていうことですね。子育てを終えて資格をとったり、とか。それにやはりそういう雇用形態ですから、女性が多いそうです。

元気なんですね。

なんか日本人はのほほんとしていると思いますよ。なんだかんだ平和なんじゃないかと。子育てを終えたあと仕事につくにしても、少しでも時給が高い方がいいから大学に通いなおす、とか、そういうたくましさがありますね、アメリカ人。民間のセラピストも新しい手法を考えて、官側のエージェントに売り込みにいったりするそうです。

じゃあしょっちゅう新しいセラピーが生まれているんですか？　それは誰がアセスメントするんですか？

官もやるし、親もやります。親が申請して官が却下した場合などは、また親が誰かを雇ってアセスメントし直したりするそうです。ここでも理論武装ですね。

道徳論のせい？　高くついている日本の療育

横浜市の小学校も、私が児童だった三十年前とはもう全然きめの細かさが違いますよ。

まだまだ集団教育だとはいえ、人口密集地であることも手伝って、市内の九十六パーセントの学校に「個別支援級」があるし、「通級指導」をしてくれるクラスも三種類、計二十二校にあるそうです（〇五年九月現在）。ただ惜しいのは、先生たちの自閉文化に対する理解にばらつきがあって、とても誠意があるのに今ひとつ自閉っ子を深読みしすぎな傾向がなきにしもあらずで。

そうかあ。やはり深読みされちゃうんですかね、私たち。

「通級指導」をしてくれるクラスなんてすごいお金かけてますよ。正規の先生が四人いて、そのうちの三人が教室の中にいて、もう一人はモニターつき保護者待機室で保護者に説明をする係なんだそうです。それだけお金かけているのに、児童の問題行動を「深読み」して、道徳的なアプローチをしたりしているとすれば、もったいないですよね。

たんに、自分にとって苦痛が少なく、情報処理の効率が良いようにふるまっているだけかもしれないのに、場のルールや言葉の意味をうっかり間違って覚えてしまっているだけかもしれないのに、どこかで聞いただれかのセリフを再生しているだけかもしれないのに、「心の闇」だとか「現代の病理」だとか言われても、「なんだかなあ」という気がしてしまいますよ。「こん

な浅いワケもあるんですよ」と突きつけて、そのあっけなさ、くだらなさに腰砕けしてほしかったから『俺ルール！』とか『自閉っ子、こういう風にできてます！』を書いたつもりなんですが。まだまだ力が及ばないのかなあ。

私も深読みとか「心の闇系」の解釈を聞くたびに、「まだ花風社力足りないな」と思ってしまいますよ。両方ともおかげさまで売れ行き良好ですが、まだ一億三千万部は売れてないのでねえ。

謎を解こうとするのは必要ですよ。でも順番として、まずは単純な仮説、即物的な仮説から疑ってみるのが効率的なんじゃないでしょうか。複雑な仮説は、即物的な仮説がどれもハズレとわかってからでも間に合うでしょうに。

そうなんです。そういう知識がないと、療育って効果が上がらないし、高くつくんだと思いました。トニー君は集中力が続かなかったとき、ガムを噛むことを薦められたそうです。

あー、タイプによってはガムでうまくいく人もいますよね。変化のない人、逆効果になる人もいますけど、試してみたらすぐわかりますしね。

トニー君のお友だちは、やっぱり集中力があまり続かなかったとき、先生たちがその原因を探って、「視覚からの刺激が強いからかもしれない」ということになって、サングラス着用を勧められ、教室でサングラスをかけたそうです。そうしたら、ずいぶん集中できるようになったんですって。

そうそう。モノで解決できることって多いんですよ。

似たようなので私が知ってる例としては、書字に困難のある子どもさんで、「通常の筆記用具、特に子ども向きのものでは軽すぎて、自分の手の動きがフィードバックされていないのではないか」という診立てで、軸が太くて重い、金属製のペンを使ったら書けるようになったというのがあります。

似たような例なのに、別の子どもさんは、先端（紙に触れるのと反対側。よく消しゴムがついてる側）にだけ大きくて重いキャラクター人形がついた筆記具がよかったそうです。回転が強調されることが必要だったので、全体が重いのではだめなんですね。

藤家さんは「サングラスがおしゃれに使われるとみなされるのが困る」って言っていましたが、これも色々な人種の人たちがいる環境だと、そうは思わないんですね。実際に目の色が薄い人が多い国の列車なんて窓に黒のフィルムがかかってるし。首都圏各地から成田空港へ向かう成田エクスプレスだって、窓にはフィルムがかかってますよ。あれはたくさんの国の人が乗ることへの配慮じゃないかと私は思っているんだけど。

目が光線に弱い人種と強い人種はいるんですよ。でも日本人くらい体質が似通っている集団の中では、「サングラス＝おしゃれ」だという図式が自然にできてしまうんですね。

そういう点では均質な文化と自閉理解はあんまり相性が良くないんだな。私は「サングラス＝まぶしさ対策」という先入観に困ってます。私のはコントラスト対策だから、全体がまぶしい砂浜や雪道だと逆に平気になるのを怪しまれてしまう。

トニー君は昔、字と色がいっしょじゃないと覚えられなかったそうです。

共感覚なのかな、連想なのかな。私のは共感覚とはちがいますが、やはり人や字に色がついてます。浅見さんは濃い紅色からえび茶色。Aは赤です。藤家さんは意見が違うらしいけど。

トニー君にとっても、字には対応する色がついていたようですね。なもので、スペリングのテストとかを色とりどりの鉛筆で受けていいことになったそうです。解答用紙は当然色とりどりになりますね。トニママが恐縮すると先生が「トニーはどうやったらスペルが覚えられるか自分で教えてくれたからラクだった」って言ってくれたんですって。親として、気が楽になったそうですよ。

日本で言えば漢字の筆順なんかどうでしょう。私自身は、全部を見るのが苦手で、順番を追って覚える方なので、筆順は得意だし、むしろこだわりがあります。小さいときに漢字の辞典を熟読していたりしたせいかな。夫が筆順の違う書き方をしていると、暴力をふるいたくなるくらい気持ち悪いので、手元を見ないようにしてるくらいです。

二種類以上の説があって、どちらも正しいとされている字がいくつかあるのが、すごくイヤなんです。本当は統一してほしいけど、私がたまたま小さいときに愛読していた本のバージョンで統一してほしい。もちろん無理だとはわかっていますけどね。

でも人それぞれですからね。朝倉昇平君というＡＤＨＤの男の子のお母さんのブログに、こんなのがありましたよ。このお子さんは今、普通学校の中の「ゆめがおか」という特別支援教育のクラスにいて、科目によって普通クラスに通っているそうですが、学習面での個人懇談でこういうお話が出たそうです。

現在ゆめがおかで履修している国語、算数に関しては、学年相応の理解が十分できている。特に算数は、学年全体から見てもかなりよく理解できているレベルにある。

漢字だけは筆順がめちゃくちゃだが（図形のように形で覚えているため）、筆順を厳しく指導することで書くことに苦手意識を持たれたくないので、本人の成長を待って、筆順指導は将来に回したい。書写では筆順も意識させて、きちんと指導したい。

国語も算数も、ついていってるんですね、昇平君。それにしても筆順、謎でしたよね。ちゃんと身についていないかも、私。ニキさんの前で手書きの字は書かないようにしようっと。

大丈夫ですよ。見ないようにするから。

「伝統」っていうのは大事にしたいんですけどね。伝統といえば、そうはいってもやはり、道徳とか精神論とかって、日本人が培ってきたわりあい美しいものなんですよ。資源も何もない国がここまで繁栄するためには、どうしても必要だったんです。このあたりは、自閉っ子のニキさんと意見が違うかもしれないけど。

いや、私だって精神論の大切さはわかりますよ。だって講演続きのときなんか、やっぱり「よし根性出して頑張るぞ！」と思って乗り切るし。

確かにそうですね！　疲れやすい、切り替えの弱さを抱えるニキさんが「一週間に全国駆け回って四回講演」っていうハードスケジュールを立派に乗り切りましたもんね。これは失礼しました。ああいうときはやはり、根性入れるわけですね。

でもね、精神論的・道徳論的アプローチが役に立たないところで使うことないでしょ。しかも、ひょっとすると逆効果になりそうなところで。
　精神論はね、使いみちが難しいんですよ。「急ぎのとき、短期決戦のときに、優先度の低いことは後まわしにする」のには使えるんですけどね。お腹が痛くても、火事になったら痛いのなんか忘れてしまって逃げるとか、締め切り前で忙しいときは歯医者に行かずに薬塗ってごまかすとか、そういうことには使える。だけど、私みたいに文脈力のない人間は、そのあとで間違えるのが怖い。「これは非常時だからだよ」という文脈は、わざわざ教えられないと気がつかないから、「火事になったときに治ったということは、火事になったつもりになれば治る」とか「もともとどこも悪くなかったんだ」と勘違いしたりしやすい。仕事が一段落したときに、「じゃあ歯医者さん行ってきなさい」というところまでセットで教えてくれないと、間違ったときに使いそうです。

私は、「火事場のくそ力は火事場でしか使えないんですよ」ということまで、わざわざ教えないとわからない人でした。この辺は、性格が楽天的なのが不運だったのかもしれませんけどね。私よりずっと悲観的なタイプの人が、サクッと現実的なプランを立てて、着実に実行して、先に完成させたりしてますからね。

なるほどね。私が感じたのは、自閉っ子を深読みしている間は、いらないところで精神論・道徳論的アプローチを使ってしまうみたいだなあということです。違う言い方すれば通じるのに、そして律儀に守ってくれる可能性も高い自閉っ子の皆さんに、定型発達同士でやるような精神論的・道徳論的アプローチをしている場面が多いような気がしました。

さっきも言ったけど、日本はお金かけているわりに効果が上がらなくて、アメリカはかけているお金のわりに効果が上がっている気がします。それはやはり、知識の差なんではないかという気がしてしまうわけです。自閉を道徳論から切り離して、ニュートラルに脳の仕様ととらえているからじゃないかと思ってしまいます。それにアメリカの先生よりずっと待遇のいい日本の先生を何人も割いていたら、たしかにぼんぼんとは特別なニーズを満たすクラスを増やせないですよね。教育現場の人事っていうのは、非常に慎重にしなくてはならないのはたしかなのですが。

診断される子は増えていますよね。本人にとっていいシステムを作ってほしいです。

情報が一貫して共有されるのはいい

横浜の「個別支援級」とか「通級指導」のクラスとかは、どういうきっかけで入級が認められるんですか？

教育相談から、ということです。

ということは、療育機関と学校現場との連携はなされているんでしょうか？

それは諸説ありますね。アメリカに行って、これを取り入れれば日本の親御さんも少しラクになるなと思ったことの一つに、「情報が一貫して共有される」ことが制度化されているというのがありました。これも、私の地元では試みが始まっているようですが、学校間のレベルなのか、療育センターなど、そのお子さんを見ている全機関がつながろうとしているかはナゾです。

皆さん進学するたびに、いえ、担任が替わるたびに説明し直しとか、そういう苦労をしていらっしゃいますね。

そうですね。縦割り行政を超えて、これまでの療育の記録を関係者で共有できるだけで、数ある親御さんの負担が一つ減るような気がしますね。

親がラクになると、その分家の中がぴりぴりしなくなって、本人もラクになるんですよ。親がラクになるのは本人のためでもあるんだって、行政の方には知っていただきたいですね。

アメリカなりの縦割り行政

アメリカでは、非常に学業を重視している印象を受けました。これは厳しい競争社会、日本より激しい学歴社会であることと関係があるのかもしれませんが。だからこそ、障害のある子にもスタート地点を同じにしなきゃフェアじゃない。就学年齢をふつうより早めるのもそういう配慮かな、と感じましたね。その結果学校での負担が大きくなる。そして学校の負担が大きいことによって、日本とは違う種類の縦割りができてしまっています。トニー君のケースだと、「OTが必要かどうか」ですね。

学業に必要かどうかで、「学校区」に責任があるかどうか決まる、っていうことですね。そのためにえらい理論武装が必要だった。繰り上がり計算ができなくなりますよ、とか。

たとえばフォークとナイフの使い方なんていうのもありましたね。ニキさんは上肢障害者の方用のスプーンで食べると味がわかるとおっしゃっていますが、やはりアメリカの自閉っ子にとっても食事は大きな課題なんですね。食べるのが困難なことが、偏食につながることもあるかもしれません。そうすると親としては「フォークとナイフを使えるようにしてほしい」とOTにリクエストを出します。両手を同時に使うのが難しいことのようなので。

親が自分でどうにか教えてあげよう、という発想はないんですね。専門家の仕事なんだ。

専門家が多い分、そういう発想はしなくなるようですね。

それはその方がいいな。よその人に言われる方が子どもは聞きやすいと思う。それと、親と一緒に食事する時間は汚されずにすむでしょう。

これはアメリカでも二つに意見が分かれているそうです。まあ、実際数多くのお子さんを見ている専門家は、うまい教え方を知っているかもしれないし。ただ私は、親が子どもの機能レベルを考えず、カスタムメイドできるような感覚になってしまう危険がないのかな、とは思いました。

専門家に任せることで、服をクリーニングに出したり、車を修理に出したりするみたいな感覚になるのは困りますけどね。自分が修羅場を目撃しないことで、「子どもにストレスをかけている」という自覚をもつ機会が減るなら。

けど、「専門家は文句言わずに言われたことやってりゃいい」ではなくて、「お子さんにはこれだけ負荷がかかってるのだから、他の部分でゆるめないとトータルで破綻しますよ」というようなことを説明するところまで専門家に期待したいです。カンの鈍いお父さん・お母さんだけじゃなく、私みたいに細部ばかり見る親もいるし、自分が体力ありあまってて子どもの疲れを想像しにくい親もいるでしょうから。トータルの処理能力は有限なんだよ、ということをしょっちゅうリマインドしてもらえると、子どもが助かる。

あるいは、最初から、「これはもっと待った方が効率いいと思います」とか、それも言ってくれるなら。

専門家は「大量の事例で目が肥えた人」なんだから、暴走しがちな親がいたら、防壁になってほしいもんです。

そういうきめの細かさは、知識さえ行き渡れば、案外日本の方が定着しやすいかもしれませんね。それと、日本ではあまり簡単に人を切らないから違うかもしれないけど、ああいう首切りが平気な社会で自閉っ子療育民営化を進めると、それが弊害のひとつでもありますね。要す

るに、親がお客になってしまう。親の言うこと聞かないとクビになってしまうとすると、子ども本人の状態より親の意向を優先しかねないわけですね。

ＯＴへのリクエストの話に戻りますが、「フォークとナイフを両手で使えるようにしてくれ」という親のリクエストに対して学校のＯＴは「それは学業に関係ないから私の仕事じゃない」と来る。それに対して親の方は「学校だって給食が出るじゃない」と反論する。

めんどくさそう。

いや、あの交渉を見ていると「他にエネルギーまわすところいくらでもあるでしょうに」という気になるのもたしかなんです。アメリカ社会で生きるって、「どこまでが責任か」を常に突きつけられることのようでね。たとえば今回アメリカで泊まったホテルでジムに行っても「ここで次々の事項により事故が起きてあなたが損害を負ってもホテルに責任はない。くどくどくどくど……」と書いてあるわけです。

そういうことを重要に思っている人たちの国のＩＥＰなんですね。トニー君のＩＥＰは。

ニキさん流に言えば、我々には「クダラン」と思える交渉も、アメリカ社会に生きる人にとっては大切なものなのでしょう。でも日本では、もうちょっとエネルギー節約したほうがお子さんに向き合うエネルギーが残るかも、という気はしますが。我々アメリカ人じゃないから、戦うこと習慣にしてないし、別に習慣にする必要もないし。日本は均質な社会であることを利用して、「我々には」クダラナく思える無用な葛藤は少ないほうがいいのでは？　という感想を抱きました。暗黙のルールがある社会っていうのは自閉っ子には住みにくい面もあるでしょうが、アメリカのような社会に比べると仲良しになりやすく、意志の疎通が楽な面はあるんですね。いったん理解してしまえば、自然に思いやりが出てくる社会でもあるのではないでしょうか。

ただアメリカのようにＩＥＰが体系化されていると、親御さんと学校が話し合いができるのはいいと思いますが。

それはできている人もいるでしょう？　日本だって。朝倉さんちみたいに。

私もそういう気がします。もちろん、努力の成果なわけですが。というか、仕事で出会う親御さんたちを見ている限りは、少なくともアメリカのＩＥＰから受ける印象よりむしろ和気あいあいとした話し合いができているような気がします。正直、アメリカよりいいような気もし

ます。ただ、学校に理解がなくてできていない人にとっては、「発達障害者支援法」とか、そういう法的な裏付けが心強いのだと思います。

でも日本は、法律だけでは動かないですよね。逆に法律がなくても、動いてくれる人、子どものために親身になってくれる人に出会えることもあった。それを全国に行き渡らせるために法律ができたのだろうし、でもだから、法律を作ったらそれで終わり、にならない面もあるわけですね。

親と学校の目標の共有ということはどうなんでしょうか？　日本ではちゃんとできているんでしょうか？

これも、いい例にすぎないかもしれないけど、私が地元で聞いた例では「三年後にどうなっていてほしいか」を描いて、そのために一年目に何をする、二年目に何をする、という風に決めていくという学級がありました。しかも、学校では何をする、家では何をする、と具体的に。

アメリカのように、学期の終わりに「〇〇%達成」より私は、この方がぴんときます。アメリカの場合は、達成度が低ければ人を変えるとか、それこそ役所に訴えるとか、そういうことがあるから具体的な数字で示さなければならないのかな、と思いました。あるいは多様なバックグラウンドを持つ人の集まりだから、数字というわかりやすい共通の尺度で表さなければならないかもしれませんが。

トニママは日本に帰国したお友だちのＩＥＰフォームを見て思わず、「短くていいわねえ」と言ってしまったそうです。インターネットで各地の取り組みを見ると、実際に日本で作られているＩＥＰフォームは、文科省のサイトのものも含めて、アメリカのものより簡略化されていてさほど具体的ではない傾向があるようですね。これは日本なりの工夫なのかもしれません。

どの程度具体的・構造的なＩＥＰフォームがいいかは、実際にＩＥＰに臨んだ先生方、親御さん方に判断をまかせたいと思いますが、色々なやり方があるのだけは知っていただきたいです。

親の横暴はまかり通っていいのか？

私は正直言って、ＩＥＰで親の力が強すぎるとちょっと怖いというのがあります。

どうしてですか？　アメリカの親御さんたちは「親と教師が平等」というのを非常に大切にしています。

親は「子どもにこうなってほしい」と望みを抱きますよね。

身内だけに、教師などとは違った望みの抱き方をしますね。

それが必ずしも子どもの個性とか、特性とか、機能レベルとか、そういうものと合致していなくて、子どもに無理を強いるんじゃないかという心配が出てきてしまうんです。

ああ、たしかに。自閉っ子はそれやられるときついですね。定型発達の子は、親に逆らうことを知っているけど、自閉っ子はそれができないから。

たとえば進路の問題。私の親も親なりに「こうなってほしい」という理想像はありましたが、私はそれを相手にしなかった。自分の好きな道を選んだ。たぶん親が望んだ道より自分には合っていたと思います。

で、親っていうのは多少自分の思惑と違っても、結果オーライであれば不満は抱かないもののようですね。うちの場合はそうだったから、別に親子関係にヒビは入らない。

でもニキさんの親御さんが抱いていた理想像をニキさんは真に受けて、理系の大学に進み、結果的に引きこもり↓中退の道をたどったわけですね。

私はそれを聞いたとき「ニキさん素直だね」って言ったんですが……。

素直なんじゃなくて、そのあたりが「認知の欠け」なんですね。親は情報端末だと思っているので、「理系に」って言われれば「そうか、その通り決まっているのか」って。「次は新大阪です」って言われるみたいに「そうか、大学は理系なのか」って思っただけなんです。おまけに理系科目で赤点とりそうだったんで先生に「理系がんばんなきゃ」っていわれたのも、「やっぱりな」って思ったんですね。本当は文系の方が得意だったのに。

親と教師が平等、とか、親の希望がはっきり伝えられる、っていうのはいいことなんでしょうけど、それだと親の手前勝手がまかりとおったりはしないんでしょうか……。

私もアメリカのＩＥＰを見ていてそれは感じて、トニママに質問もしたんですけど、「それを防ぐために各方面の専門家が意見を出すんでしょう」っていうことでしたね。ただ最終的に親の要求がいちばん強いらしいですけど。トニママの場合どうしても押し通したのが言語の問題だそうです。複数言語環境というのはやはり混乱しやすいので、セラピストは「英語に統一した方がいい」と言ったそうですが、すでに日本語で親子関係ができあがっている以上、どうしても日本語を手放したくなかったから、そこは押し通したと言っていました。ただ、日本人学校

に通わせて読み書きまで習わせるのはやめた、と。会話で十分だと。

複数言語の環境で言葉が遅れがち、というのはよくあるようですね。

今は早期英語教育とかがやたらもてはやされているようですが、数学者の藤原正彦さんなど、それに反対する方も多いですね。私自身もしっかり思考能力を養うためには、まず母国語をきちんと身につけてから外国語を学習するべきだと思っていますので、早期英語教育には反対です。定型発達の子に関しても。

トニママはこういうことを専門家に言われて、それでも納得して、会話は日本語と英語、二本立てを選んだということですね。逆に片親が日本人でも、子どもに話しかける言葉を英語に統一した人もいます。専門家はメリット・デメリットを説明するけれども、それを選ぶのは親の権利であり責任であるということですね。その結果は自分で引き受けなさい、ということでしょう。

早期教育としての外国語教育と、実際に国際結婚していたり、駐在していたり、そういう外的条件が先にあっての家庭内言語使い分け方針とは、また違うかもしれません。

アスペルガーの人で、「それぞれの親が自分の母語（自分が完璧に綺麗に使える言語）の方が混乱しない」という人もいるんですよね。整った発音、整った文しかわからなかったりするので。

なるほどね。

かと思うと、家の中で両親が日本語を使っているのに、テレビのコマーシャルが英語だから先に英語で話しはじめた子もいますし。

どうも、自閉症児に関しては、通常のルールも当てはまるんだけど、それ以外にもっと強力な事情があるとそっちにオーバーライドされることがあるので、通常の子どもたち以上に「ケースバイケース」ってのが大事になってきそうに思います。

親が日本人なら、ある程度のリスクがあっても子どもに日本語しゃべらせたいっていうのはよくわかるんですが、そういうのよりもっと合理性に欠けた押しつけを、親が子どもにする危険はないでしょうか。

親御さんて、とっても細かいところが気になるみたいですからね。犬をこわがるんです、犬をこわがらないでほしい、とか。ニキさんも私も人の親じゃないから、厳密にはわかりませんが、他人には気にならないところまで気になるみたいですね。他人の私たちから見たら、犬をこわがるお子さんがいてもフシギじゃないんですが。

そうですね。

でも、どうしても止めるとつらい振る舞いもありますよね。たとえば「耳ふさぎ」。「耳ふさぎ」しているお子さんは、あきらかにうるさいからなわけで、耳ふさぎは自閉っ子固有の権利だと思うけれど。

適した耳栓があれば別ですけどね。浅見さんは耳ふさぎしている子を見て、「みっともない」と思いますか？

親じゃないから厳密に同じ気持ちにはなれないのかもしれませんが、私が耳ふさぎをしているお子さんを見てまず思うのは「かわいそうだな、うるさいんだろうな」ですね。決して「みっともない」ではない。

　声を大にして言いますが、私は日本の親御さんにラクをしてほしくないとは絶対思いません。お子さんの記録が各関係者・機関で共有されるようになるだけでも、今各関係者の調整で走り回っている親御さんの負担が減るだろうから、そういうのが実現すればいいなと思います。でも、システムが整ったあとでも、今皆さんが持っている「慈しみの心」をなくしてほしくないなあ、と思います。

というか、この「慈しみの心」を忘れずに制度が整っていけば、日本の自閉っ子はとても幸せになると思います。

子どもの未来へのかかわり

アメリカでももちろん、子どもの将来に対する関与の仕方って言うのはそれぞれのようです。トニママが言うようにアメリカには、親と一生一緒に住むという習慣はないわけですね。行く先は施設かもしれないけど、とにかくどこか親と離れたところに暮らし始めるわけです。日本の福祉関係者でもアメリカのこういう施設に見学に行ったりしていますが、必ずしも良質ではないという感想を抱かれたりはしています。ですからアメリカだってやはり親御さんの中には「官が提供してくれるものよりよりよい未来を提供したい」という気持ちで活動をしている方もいます。一方で「とりあえずあるものでいい」という親御さんもいます。

「親デバイド」か……。

私は今回アメリカに行って、アメリカの制度は日本の現状より、親にとってはどう見てもラクだと思いました。でもお子さんにとってはどちらがいいのか、今のお子さんたちが大人になるまで結論を出すのはやめようと思いました。学校にいる間はたしかに、アメリカの方が今のところ支援制度はありますが、就職はアメリカの方がきつい面はありますね。移民がどんどん入ってきますし、競争の度合いは高いです。産業の空洞化にしても、アメリカの方がきついです。それに多民族国家とはいえ、人種によって微妙に、職種を住み分けているようなところもあるので、仕事のオプションが減るとなると、ニキさんのいうように「残存能力で勝負しなければならない」自閉っ子の皆さんには、きつい面もあるという気がします。

まあこのあたりはもっと本格的に調べなければわかりません。ただ、療育環境を求めて移住などを考えるのなら、あくまで移民一世として移住するのだと自覚しておいたほうがいいと思います。

逆に日本は特例子会社といった新しい試みもあるし、労働力不足になることが目に見えている社会でもあります。もちろん人口減社会の中で、そうした動きを支えていくためには、私たち定型発達者も一人一人当たりの生産性をあげなければいけないし、高機能と言われる人たちが二次障害にならずに生産性を高められるような教育が必要なのでしょう。

いつも思うんですが、今療育にお金かけといたらあとお金得するという発想はないんでしょうか。予算が一年単位だからだめなんでしょうか。療育にお金かけることによって、「自分探し」の時間が短くなったり、支援がなかったら働けなかった子が働けるようになったり、その分納税額が多くなったりするかもしれないのに。

官は全然関与しなくていいのか

自閉っ子療育民営化とか、「ほ〜」という感じですが、こういうのは日本でも受け入れられるんでしょうかね？

日本では高齢者対策がこういう流れだと思います。介護保険ができて、ある程度お金で解決できる分、家族の負担が前より減りましたね。介護予防なんていう発想も出てきて。ただ発達障害の場合、まず知識を取り入れなきゃいけないんじゃないでしょうか。ニーズを探るというか。高齢者に関しては、それがかなりできているんじゃないでしょうか。

高齢者はサンプル数が多くてニーズを探りやすいだろうなあ。私たちは数が少ないからなあ。

「官はひっこんでろ」みたいなことを言う人っていうのもいるんですよね。でもそれはどうかなあ。障害の存在証明自体がまだ終わってないっていうのとの絡みでなんですが。

私は、官と民の分担を「最適化」すればいいだけなんじゃないのかと考えてます。官だからだめだというのも民だからだめだというのも単純過ぎる、官がやった方がいいことを民にやらせるのも、民がやった方がいいことを官にやらせるのも、同じようにだめじゃないでしょうか。官の役目は最低ラインの引き上げなんじゃないでしょうかね。

たとえば子どものために「いいとこどり」をするのを手伝ってもらうコンシェルジュ機能みたいなのを半官半民でしてもらうとか。

横浜の場合は「障害児・者地域コーディネータ」がいらっしゃいますね。厳密に官ではないけれども、厳密に民でもない立場にあります。

アメリカで親の会を見学したんですが、完全に民でした。民だからこそコンシェルジュ機能という意味ではそれほどきめ細かくないんですね。それに、何しろＩＥＰで戦う準備に忙しいから、そっちに時間をとられます。コンシェルジュ機能という点では、横浜のコーディネータの人のセンスと携帯電話とシステム手帳の方が能率的に支援を進めている気がしました。

これは社会システムの問題もあると思います。アメリカはやはり自分でできることは自分でやってね、という国だから。それに対して日本人はもっときめの細かい情報やサービスを期待しているような気がする。アメリカのやり方だと、不親切に感じるかもしれません。

とにかくやはり民間委託への制度設計はしっかりしないと、耐震偽造問題みたいなひずみは出てくるわけですね。アメリカの制度には、そのひずみが時々見られます。

それに、障害者の方のQOLを上げるには、やはり官じゃなくちゃできないこともありますね。横浜には「横浜ラポール」っていう施設があります。二〇〇二年のサッカーワールドカップ決勝戦が開かれたスタジアムの隣にあって、障害者の方用のジムやプール、テニスコート、ボウリング場、保育施設、文化施設、会合が開けるホールや会議室なんか、とにかくすばらしい機能がたくさんあります。社会福祉関係の事務所もここに入っています。最寄の駅から無料バスが出ています。こういう規模のものはやはり、官が関与しなくては無理だと思うんですよ。

たしかに。

私は運動が好きなので、もし中途障害者になったら、ここに通ってパラリンピックを目指そうと思ってます。地元にこういう施設があるから、きっと事故か何かに遭っても絶望せずに新しい生き甲斐を見つけられると思います。

パラリンピックを目指すのって年は関係ないんですか？

うるさいな。いいでしょう、そのうちパラリンピックにもシルバー部門ができるかもしれないし。夫はいつも私をほめてくれますよ。「お前ほどよく動くデブはめったにいないよな」って。

あはは。

次の章では、その「運動」のことが出てきます。面白いですよ、自閉っ子の体育の授業の話。

ちょっとティーブレーク

花風社　さっきお話しに出てきた朝倉昇平君のお母様、朝倉玲さんに、ブログを一部転載していいですかとお訊きしてみたんですよ。お子さんをめぐって先生とコミュニケーションがうまく行っている例として。アメリカでやっているのとは、また別の方法で、親御さんと先生が共通の目標に向かっている例として。昇平君は今特別支援学級にいます。クラスの児童は三人で、先生が一人、介助の方が一人。先生とは毎日「連絡帳」をやりとりしています。「連絡帳」っていいですね。

　朝倉さんは快諾してくださいました。「ニキさんがいろいろアドバイスしてくださったから今の昇平がいます」と言って。

ニキ　私は直接、昇平君にはこうしてあげたら、ということを一度も言ったことはないんです。一般論さえも言ってない。
私が言ったのは、「昔、私のときは、こんなことがありました」だけなんです。ほかの人のことはほんとにわかんないからね。怖くてそんな無責任なこととてもじゃないけど言えない。でも、「昔、私のときは、こんなことがありました」だけで、読みとる人はちゃんと読みとってくれるんです。
まあ、「取捨選択はそっちでかってにやってください」って素材を放置してるだけという方が本当なんですが。

じゃあやっぱり、今の昇平君がいるのはやっぱり昇平君とお母さんの力なんですね。

朝倉さんちの連絡帳・登場人物
昇平くん：小学校四年生。自閉傾向のあるＡＤＨＤの男の子
ドウ子：特別支援学級「ゆめがおか」の先生
母：昇平くんの母、朝倉玲さん

前回、歯医者さんの待合室で知らない子のゲームをのぞかない約束をしたこ

とを連絡帳に書いた、その返事から。

＊＊＊

一一月二九日（火）

記録者：ドウ子

自分の行動を分析できること、成長の証ですね。

社会的にしていいことと、してはいけないことは、本人が理解できる段階になったらしっかり教えることが大事だと思います。

昇平くんに昨日のことを聞いてみたら、照れ笑いをして「もう、人のゲームをのぞきません。」と言っていました。

＊＊＊

一一月二九日（火）

記録者：母

夜、チャレンジの算数が難しいことから、例の「殺してください！」が始まったので、少しきつい調子で叱って、それはとても怖いことばであること、昇平くんはそれが口癖になってしまっていること、最近おかしな人が多いから、そういうことばを使うのはとても危険であることを教えました。

「悪い人は、胸に『私は悪い人です』なんて看板はつけてこないんだよ」と教えると大受けして笑っていましたが、そういう人も「普通の人」に見えることを教えると、目を丸くしていました。こんなことまで真面目に教えなくちゃいけないんですから、本当にいやな世の中ですね……。でも、身を守っていくためにはしかたがないことだと考えています。

本当に、ＳＳＴの毎日です。（苦笑）

＊＊＊

記録者：ドウ子

一一月三〇日（水）

「殺してください」と「死にます」は、口から出ることばとして『絶対に言ってはいけないことば』として、学校でも指導したいと思います。

今日も、「この勉強をやるよ」と示すと、大した量でもないのに「わぁー、死にます！」と言い出したので、連絡帳にあったように、「悪い人に聞こえたら、〝この子は殺してもいい子だな〟と思われるよ。それでいいなら、言いなさい」と話すと、やめました。

「できないー」「無理だー」と騒ぐ子はどこのクラスにもいるので、〝いやだ〟と抵抗することはいいのですが、やはり、ことばにも、「ゲームののぞき見」と同じで、社会的に許されるかどうかという基準があることを伝えたいと思います。


体育の時間、一緒に帰ってきた西尾先生から、「昇平くんはサッカーで同じチームのHくんがゴールして得点を上げたら、駆け寄っていって、両手を出してタッチして喜んだ」という報告を受けました。

今日はサッカーに行くのを楽しみにしていたのですが、ルールを理解して楽しんでいることが、その姿からもわかりました。

＊＊＊

一一月三〇日（水）　記録者：母

学校でも足並み揃えて指導していただけて、とてもありがたいと思います。「殺してください」「死にます」等は、ずっと注意を続けてきた言い方ではあったのですが、いよいよ本格的に改められるよう、働きかける時期に来ているのだと感じています。

そうなのですよね。「死にます！」なんて言わなくても、「難しいよー！　いやだよー！」と言えば、それで済むことだし、周囲の人たちにだって、その方がわかりやすいんですよね……。

人と関わりたい気持ち、人と関わる機会が増えてきた時が、こういうことを教える最適の時期なんだなぁ、と改めて感じています。

今後とも、学校でのご指導をよろしくお願いします。こちらも、家庭での指導をがんばります。（笑）

＊＊＊

記録者：ドウ子

二月一日（木）

今日、国語で活動報告文を書く学習を始める時、私の顔を見て、「先生、つらいです」と真顔で言いました。

昇平くんには苦手な内容であることはわかっているので、「死にます」ではなく「つらいです」ということばを選んだことを、両手をにぎってほめました。そして、「これからも困った時や、やりたくない時には、今日みたいに言ってね」と話しました。すると、ちょっとおふざけモードに変わって、「つらいっす」「つ、ライスっす」など、ことばで遊んでいました。

学習については、「つらくないように教えるから、わからなくなったら、『つらいです』って言っていいよ」と言って、わざと、とても簡単な内容（クラブ活動の報告文なので、自分のクラブ名を書く、など）を出すと、「これなら、つらくないです」と、大丈夫だということを伝えてくれました。

算数のときも、この時のことを思い出して、「つらいです」と言いましたが、今日やることが理解できると、問題を解きながら、「つらくないです」「ぜ〜んぜん、つらくない〜」と口にしていました。

繰り返し指導していけば、改められるのでは……と期待しています。

ちなみに、このあと学校と家庭の両方で集中的に対応していったところ、昇平君の「死にます」「殺してください」は、わずか数週間で完全に聞かれなくなったそうです。ときどき言いかけることはあっても、お母さんたちが「あれっ？」と問い返すと、はっとした顔で「違う違う、なんでもないよ」と打ち消すそうです。

先日なんか、「死ぬ！」と言いかけて自分で気がついて「死ぬ——ほど愛してください！」とごまかしたので、担任の先生たちは大笑いだったんですって。

ははは！

〈トニママ、語る　パート4〉
ゴールに向かって

自閉児クラスへ

トニーが入った当時の自閉児クラスは、「TEACCHプログラム」に沿ったものだという説明を受けました。

TEACCHプログラムについては日本でもよく知られていると思います。視覚優位と言われる自閉児の情報処理特性に沿ったかたちで課題を与え、無理のない環境の中で、自閉児がそれをこなしていきます。

分類や組み立て、マッチングなどを行うことによって、自閉症にまつわる認知の穴を埋めていくのです。同時に微細運動能力を鍛えたり、言葉と物の対応などを学んだりできます。

クラスには八人の生徒がいましたが、教室は「構造化」され、伝達は言葉ではなく視覚から行われ、一人一人区切られた場所が与えられて、混乱することもなく課題に取り組めるようになっていました。

ニキ・リンコさんの著書『俺ルール！　自閉は急に止まれない』を読んだとき、「ラビオリ・エラー」という言葉が心に残りました。定型発達の人が上手に情報処理をして効率よく生きられるような場面で、自閉の人たちは混乱し、よけいに手間がかかっていることを、ニキさんもご自分の体験をまじえ、ユーモアを込めて語っていらっしゃいました。

あれを読んだときは、「そうそう！」と思ってしまいました。

親の目から見ても、自閉の子は物を分類するなどの情報処理の際、私たちにはなんでもないと思われるところで混乱するようです。それが学習だけではなく生活全般や、将来の就労能力にまで影響してしまうのです。

そしてトニーが自閉児クラスでこなした課題は、そうした認知をただすためのものであったように思います。

TEACCHプログラムにせよ行動療法にせよ、当時は割合「この方式でやります」と決められると、がちがちにそれに沿ったプログラムが行われる傾向がありました。

そしてこうしたプログラムはしばしば、「機械的だ」「非人間的だ」といった非難の対象にもなりました。けれどもそれぞれのプログラムは、効果を上げているので、完全に否定してしまうのも親としてはもったいなく思えました。

その後こうした反省をふまえてか、自閉児のクラスにも「〜式」といった「家元制度」のようなものは持ち込まれなくなりました。いわば各プログラムの優れたところを集めた「いいとこどり」が行われるようになり、より人間的な学習方法へと変わってきたようです。

こうやってプログラムが洗練されていったのも、早くから自閉児向けスペシャル・エデュケーションの必要性が認められていたからだと思います。

さて、自閉児クラスでも就学年齢に達すると、学業課題も始まります。

これも実に、自閉児の特性に合わせたものでした。

大教室で一斉に講義を受ける普通のクラスとは違い、やはり個別でのドリルが中心です。言葉の指示より視覚での指示を優先させていくので、どの子もすいすい課題を解いていきます。

その結果、トニーの状態は安定しました。そして行動の面でも学習の面でも、二年生から普通のクラス（メインストリーム）に転入が可能だと、ＩＥＰミーティングで提起されるようになるまで成長したのです。

日本ではしばしば、「どう学ぶか」が大事にされると思います。時にはそれが、「プロセス原理主義」になってしまうかもしれません。また、皆と同じプロセスで学ばないと、学んだことにはならないと考えられている気がします。

私は日本で音楽教育を受け、その後アメリカに留学して音楽を学びましたが、それを痛感しました。ピアノの弾き方一つとっても、日本は大昔に定められた「型」にこだわります。

その点アメリカ人は合理主義・結果主義です。その子に合った方法で学習できれば、合わない方法で学習できないよりずっといいとごく自然に考えられています。一人一人違う学び方があって当然という考え方は、発達障害を持った子の生きやすさにつながっているように思います。

日本でも最近は習熟度別の授業も増えたと聞いています。そしてそれが差別につながるのではないかという論議を呼んでいるという話も聞いています。こういう話を聞くと、「差別」の感覚もまた日本とアメリカでは違うのだな、と思わされます。

アメリカでは主要教科だけではなく、体育の授業さえレベル別に行うのです。そしてそれは、本人にとっていいことです。

そのあたりをお話しましょう。

就学年齢になると、体育の授業が始まりました。

小さい頃は他の生徒さんも、なんとなくのんびりと体育の授業に臨んでいました。またトニーの進んだ学校はほとんどがアジア人なので体格の差もそれほどなく、トニーも普通の体育の授業を受けていました。

けれども自閉児ならではの身体機能のぎこちなさのため、学年が上がるにつれ、授業についていけなくなりました。特にサッカーとかバスケットボールは悲惨でした。ルールをつかむのにさえ苦労するからです。

そこで四年生のとき、ＩＥＰミーティングを開き、「体育だけ一学年落としたらどうだろうか」という案が出ました。けれども、それでもついていけないほど粗大運動機能もソーシャルスキルも遅れていました。

二学年落とすとさすがに、体格的に目立ってしまいます。そこで Adapted Physical Education（特性に応じた体育の授業）を受けさせようか、ということになりました。

運動機能に問題のある障害児には、それに適した体育のクラスがあるのです。そして自閉児も、その対象になるのです。

高学年になると体育では、粗大運動機能だけではなく、チームプレー、順番、ルールなどソーシャルスキルもかなり必要になり、それらを全部こなすことは、トニーには大変すぎたのです。

こうした決定も、ＩＥＰミーティングで親と教師、療育者が集まった場所で行われます。

ところが、四年生のときに受け持ってくれたレギュラーの体育の先生がとてもいい先生でした。トニーの特性をよく見て、それに応じた指示の出し方をしてくれたのです。

たとえば野球をするにしても、1．ボールを見る　2．バットでボールを打つ　3．打ったら一塁へ走る　といったように、細かく指導して下さいました。

クラスメイト達もトニーがバッターボックスに入ると、それを連呼してくれました。おまけに加配介助《エイド》（この方については後述します）がベースからベースをトニーと一緒に走ってくれたりもしました。

こうした協力に支えられ、障害児向け体育授業への参加を五年生まで見直すことになりました。ちなみに一塁まで一緒に走ってくださったエイドのマリアは、すでに子育てを終えた年配の方で、私より年上です。

中学生になると、スペシャルニーズを持った子どもたちはロッカーも別になります。ロッカーがいじめの温床となる傾向が強いからだそうです。

うちの夫も、学校時代、体育の授業が苦痛だったそうです。けれども障害児ではなかったので、普通の体育の授業を受けなくてはなりませんでした。高校になってようやく体育が習熟度別になり、それから体育の授業が楽しくなってきたようです。

トニーは今、週に一回スペシャルニーズを持った子どもたちのアイスホッケー・チームでプレーしています。身体を鍛えられるだけではなく、チームプレーや感情のコントロールなどのソーシャルスキルも、子どもたちはここで学んでいきます。

こうした場に参加できるのも、体育の授業に恐怖感を抱かないでこられたからだと思っています。体育に苦手意識を持たず、身体を動かすことに抵抗を感じないですむのは、長い目で見て宝物となるのではないでしょうか。

そして、どんな子にも一律ではない体育の授業が選べること、選択肢があることが、それを可能にしてくれているのだと思います。

さて、こうやって適性に合った教育を受けた結果、最初に立てた目標が達成されました。トニーは二年生から普通のクラスへ編入できるのでは、とＩＥＰで提起されたのです。

私たちは、力づけられました。

いいとこどりから始めてもらいたい

花風社　また出ましたね。「いいとこどり」。自閉症児向けの療育の必要性に目覚めてから長いアメリカでは、各手法の「いいとこどり」が行われているんですって。ほんの数年前までは「この学校はＴＥＡＣＣＨプログラムです」「行動療法です」という標榜があったそうですが、ほんの数年の間に変化を遂げたんですね。

ニキ　子どものためになるようにプログラムを変化させているんですね。合理的だし、柔軟性がありますね。

花風社　ニキさんに「ＴＥＡＣＣＨプログラムどう思いますか？」とかきいても「コタツの中の脚」だから答えようがないですよね。「見えないものは、ない」だから。

いや、以前重度認定の方の施設をスライドで見せていただいたことがあります。アイコンで表示されているのを見て、「いいな～」と思いました。自傷・他傷があった方もそれで落ち着いていったりしているそうです。ただ私は、自分ではそういうの作れないんですね。ですから誰かが作ってくれたらいいだろうな、と思いました。

私たち、レベルの違う情報を順不同に出されるのに弱いんです。処理が難しい。エラーが起きちゃう。

それで、自閉児向けのセラピーとか、教室とかで、トニー君はどういうことを教えてもらったんでしょうね？

トニー君が習ったのは物の認識や区別、人には喜怒哀楽があることなんかだってトニママはおっしゃってました。

高度な情報だなあ！　人には感情があるとか、私が気づくようになったのは大人になってからですけどね。それがわからないから、色々誤解していた。親は情報端末だとか。そういうの早めに教えてもらえると助かるでしょうね。人には感情があるとわかると、いろいろ誤解が少なくなる。

それとプレイセラピーで、順番や約束を守ること、他の子の番のときは待っていること、ゲームやボール遊びなど普通なら自然に学ぶことを、いちいち教えてもらったそうです。まわりの子どもたちをマネすることも覚えたそうです。

ふつうならわざわざ教えてもらわなくてもわかることを、わざわざ教えてくれることには大変意味があります。

やはり自閉っ子が「何に困っているか」分析が進んでいて、手を打っている感じがします。日本は後発であることを逆に利用して、「いいとこどり」から始められるといいですね。

駅前留学はどうしてOKなの?

それにしても日本の精神風土だと、たとえ自閉児クラスが自閉児にいいとわかっていても、「うちの子は自閉児じゃありません」と親が認めずにがんばって、定型発達の子のクラスに入れて混乱して……という展開にならないでしょうか。その子にいちばん適切な教室に送れない、ということは起こりえないでしょうか。

起こりえるかもしれませんね。でも当事者としてのニキさんは、「(親としての見栄はとりあえず棚上げして)ぜひ適切なクラスに送ってほしい」と思っているんですよね。つまり、自閉であることを恥ずかしがらないことにもつながってくると思いますが。

そうです。不思議なんですけど、駅前留学とかでは、みんな自分のレベルに合ったクラスを選びますよね。公民館のエクセル講座でも。全然英語しゃべれないのに、いきなり上級から始めたいとがんばる人はいませんよね、民間の英会話講座では。なのにどうして学校となると、認知スタイル別とか、習熟度別に抵抗を感じてしまうのかわかりません。

私は中高一貫の私立の学校に通っていたんですが、そこでは中学から科目別習熟度授業だったんですね。それで、中学三年生の時数学がわからなくなってきて、まだなんとか点は取っていたんですけど、「ひとつクラスを落としたい」と申し出たんです。だけど先生は「いや、あなたはまだ上のクラスでいいわよ」とか言って。結局その後絶望的に数学ができなくなりました。

あのときちょっとゆっくり進行するクラスに移れば、もう少しはできたかもしれないけど。

自分がきちんと学べるクラスがいちばんいいのに、なんだか上のクラスに行くことが目的化みたいになってしまうのかもしれませんね。

ときどき街頭で「習熟度別クラス反対」なんて演説している人を見かけるから、もしかしたら日本では親の方の抵抗がきついのかな、と思いました。上のクラスに行けないと失格の烙印を押されたみたいに感じているんでしょうか。

それは全然違いますよ。上に行くのがいいんじゃなくて、きちんと学べるところにいるのがいちばんいい。

この前、現在学力世界一となっているフィンランドの学校で、やはり習熟度別クラスを行っている、とテレビで報道していて、しかも親の方が「うちの子はもうひとつクラスを落としてください。その方が勉強になる」と申し出ている場面が映っていて、さばけているんだなあと思ったりしました。

ＩＱいくつ？

それと関連しているのかもしれないけれども驚いたのは、ＩＱの問題ですね。

ＩＱ私も、三十代になってアスペルガーの診断受けたときに調べましたよ。でも、はっきり覚えていないんです。

知的障害を伴う範囲じゃなかったことは覚えてますが、それより、下位項目っていうか、プロフィールのすごい異常だった部分だけは覚えてます。

数字は……忘れちゃったな。一度も覚えなかったわけじゃないんですよ、記憶に新しいうちは覚えてたこともあるんですが。２も３も４も６も８も９も入ってなくて、０か１か５か７（全部、私から見ると寒色系の数字）だけから成り立ってた。１０１か１０５が一番くさいとにらんでるんですが。１００か１１１だったらとても覚えやすい数字だから、いくら私でも覚えられそうに思うんですよね。だから１００と１１１はきっとちがうな。

トニー君たちも当然ＩＱテストはしていて、それを手がかりにクラスを決めたりセラピーを決めたりするわけですね。それで当然トニママはトニー君のＩＱを把握しているんだけど、ところによると日本では、親御さんに手帳の等級は知らされても、ＩＱは知らされていないそうです。でトニママが「どうして親に知らせないんだろう」と。

どうしてでしょう。

どうやら、診断を下す方は「そんなはずはない」と食い下がられたりするのがいやみたいですね。

知らせたら本当に食い下がるのかな？　ただの手がかりなんだからそんなに食い下がる必要もなさそうに思えますが。

あと、とらわれすぎるとか。ＩＱテストでいい点とるための訓練というのもあるらしくて。

浅見さん自分のＩＱ知ってますか？

知りません。子どものときはどこかでテストされたかもしれません。大人になってからは、ＩＱを測る機会はなかったので自分のＩＱは知りません。だから測ったことある方が「私は動作性が〇〇で……」とか語っていても、私は話題についていけない。

そもそも社会人になってからはＩＱなんて関係ないですよね。仕事をしていると「デキるな」と感心する人には出会うけど、「あの人ＩＱいくつだろう」とは疑問に思わないし。逆に、「私ＩＱ高いんです」と売り込まれても「じゃあ採用しようか」とはならないし。

習熟度別のクラス設定にしてもＩＱ測定にしても、実用的な手段に過ぎないものに、なんか過大な幻想みたいなのがくっついてしまっているんですね。もっと損得で割り切れるニュートラルな風土になってもらうとありがたいんだけど。

小さいころの成績とかって、社会に出ると意外と関係ないですよね。

そうそう。

学校にいる間は学校での評価が全世界になってしまうけど、社会に出ると実は関係ない評価基準っていくつかあります。そのうちのひとつが「友だちの多さ」。

ああ、友だち多い子はいいとか少ないとダメとか言われますね。でも社会に出てから、四十人で行動することってまずありませんよね。

ありませんね。第一社会に出てやっていけるかどうかと小学校のときの友だちの数って実はあんまり関係ないでしょう。今世間で活躍している人たちとか見ても、小学校のときは友だちなんかそんなに多くなかったんじゃないかと思うんですけど。

でも言われますよね、「友だち作りなさい」って。

基本的な社会性はもちろん身につけたほうがいいにしても、友だちの数にはあまりこだわりを持たなくていいんじゃないかと思うけど。横浜で自閉のお子さんを育てている明るいお母様でお一人、「本人が別に友だちほしくないかもしれないから無理強いしない」とおっしゃってた方がいました。

それくらい割り切ってもらえるといいなあ。いじめの問題もあるし。

社会に出て自分の仕事を一生懸命やっていれば、自然に人とは出会えますからね。職種によるけど、数人の人とつきあえれば、世の中そこそこ渡っていけますよ。とくに利害が一致すると、人づきあいってうまくやっていける。こう言ってしまえば身も蓋もないかもしれないけど。

たしかにねえ。うまくつきあわないといけない人数って、社会に出ると実はそんなに多くないですよね。エネルギーは限られているんだから、友だち作り以外のところに回す必要もあるかもしれないですね。

「利害が一致するとやっていける」みたいなところは、学校の価値観ではむしろいけないことみたいに教えられてました。まあ学校だけじゃないのかもしれませんが。

「得になるからつき合う」というのが、不純なこと、という考え方は、仕事するようになったらほんとに足引っぱってくれます。

そういうのを真に受けずに聞き流せる子とか、場面によって優先順位が違うことに気づける子はいいんですが。

IQより体力？

アメリカに行ってとても感心したことのひとつが、この「adapted PE」、すなわち「特性に合わせた体育の授業」の存在です。しかも、発達障害をお持ちのお子さんがその対象になっている。OTが一般的になっていることと同じように、自閉スペクトラムの身体障害的側面にきちんと対処しているんだな、と思ったんです。

残念なのは、発達障害の当事者の方たちがえてして、体育の授業にいい思い出を持っていないことなのですね。

いい思い出なんて持っているわけないですよ、もちろん。いじめの元も発生しやすいし。たとえばキャッチ・ボールやるとするでしょう？　二人一組になるじゃないですか。そうすると、私と組んだ子だけキャッチ・ボールが続かないわけで、そのうち明らかにうんざりし始める。貧乏くじ引いた、っていう感じになってくる。そういうのがつらいですよ。

そもそも人の顔の区別がつかないんだから、体育の授業はきついんです。だれだれにパス、とか言われても、ハチマキしていることもあれば帽子かぶっていることもあると、もうどの子がその子だかわからない。髪の毛を下ろしていることもあれば、二つに結わいていることもある。そうするとお手上げです。

それにあっちむけとかこっちむけとか指令が出るでしょう。それが誰に言われているのか、いちいち教えてくれないじゃないですか。自分に言われているのか、全体に言われているのか、特定の一組に言われているのか、わからないからじっとしていると突然怒られたりする。

言われた通りにしない、っていうより、やはり情報のキャッチのところに問題があって、指示が他の子と同じようには聞き取れなかったわけですね。私は、そういうことにきちんと対応した体育の授業があるべきだと思いました。そうすれば体育自体を嫌いにならなくてすむかもしれない。

いま、「学校の体育がキライだった大人のための体操教室」とかあったら、行ってみたいなあ。あとで知ったけど、体育の種目って、あれ、ほとんど「遊び」に由来してるんですよね。フィールドアスレチックとかやりたいな。

側転とか、できたらおもしろいだろうなー。あと、バレーボールのアレ、何て言うんだろ、指を立てて指先ではじくやつ。うんていとかは、当時も好きだったですよ。

私は竹馬は乗れるようになったんだけど、できなかったのが初めてできた瞬間って、脳に新しい配線がつながったみたいな不思議な感じで、快感なんですよね。けど、人より時間がかかるから、そこに至る前にほかの子が退屈してしまうので待ってもらえない。

だいたい、外でほこりっぽいし、暑いこともあるし、あと、体育館の中って、声が違う方向から聞こえてくるからわけわかんなくなります。先生が前にいるのに先生の声が上から聞こえたりする。

体育館は、みんなの足音が足の裏によく響くのもわけわからんです。運動場の方が足の裏はうるさくない。


理科が嫌いな子も国語が嫌いな子もいるから、体育嫌いだって別に好みの問題じゃない、っていう考え方もあるでしょう、でも、やはり身体を動かすことの気持ちよさを知るのは、一生の財産になると思うんですよ。就労の場面でもね。人を採用することもある立場から言わせてもらえば、やはり社会人として体力があるかないかは大きい。別に全員がスーパー・アスリートになる必要はないけれども、自分に無理のないやり方で体力を増強する習慣はあった方がいいです。先ほどＩＱの問題が出たけど、実際社会で生きていく上ではＩＱよりむしろ体力の方がものを言う場面は多いですよ。いわゆる頭脳労働者だって、体力があったほうが強いんです。

体力、大切なのは私にもよくわかります。それで私、自分はある方だと思っていたんですよね。そもそも人は動けば疲れるものだと知らなかったから。長旅したあと何週間も寝込んだりしても、まだ気づかなかった。自分が疲れているか疲れていないかのモニター能力にバグがあるせいもありましたけど。

ニキさんの場合は、体力のなさを根性で補っていますよ。本当に根性があるんだと思う。体力と根性って交換可能なんですよ。うちの夫は、「お前は根性ないけど体力で補えてよかったね」と言います。その通り、私は根性ないけど体力あるから、ばりばり働けるんです。とりあえず週に五日以上どこかに通う体力があれば、生計を立てるのはぐっとラクになりますし。

体力があると誤解した理由、最近になってもうふたつ思いついたんです。

私ね、赤ちゃんのときに何回も大病してるんですよ。それに、そもそも生まれるときからして、助からないはずの子だったんです。それが、小学校に上がるころから、普通に抵抗力ついたもので、「丈夫になったねえ」と言われていたのを、「になった」の意味がまだ理解できなくて、「丈夫」だけを丸暗記したかもしれません。

もうひとつは、中学~高校ごろに不安定だったときに、不定愁訴にソリッドな身体的根拠が見つからなかったことで「怠け病」とよく叱られてたんですが、そのときに、「体はなんともないくせに」と言われたのを「そうか私ってすっごく健康」「だから何でもできちゃってお得」と勘違いしたってのもありそうです。

まあ全般に私は自信過剰があとでたたるタイプだったと思います。「やったらできちゃうはず」とかつい思ってしまって無理な計画を平気で立てる子どもでした。だって水の上が歩けると思ったり、シカゴギャングを摘発できると思ったりするくらいですから。そういう子に「やればできる」とか「なせばなる」とかは火に油じゃないや泥棒に追い銭じゃないや、とにかく問題をかえって大きくする危険な言葉かもしれません。

具体的なステップが提案されてないので、「やればできる」と「祈ればできる」「念じればできる」の差がとても曖昧なのです。「やる」の意味がイメージできてないからですね。「やる」がビジュアライズできない状態で「やればできる」を信じると、祈るだけでゴロゴロしてて、結果的に努力不足なんてことにもなるのです。

で、今でも相変わらず、「私は根性ないはず」と思ってるのでした。そんな簡単にイメージって塗り替えられないですよね。ペンキじゃないんだから。

私はニキさんと仕事し始めたころ、ニキさんが「睡眠障害」なのにそれを知らず、「寝ないで仕事する根性のある人」とうるわしき誤解のもとたたえていました。「やればできる」をちょこっと誤解した結果導き出されたゴロゴロを「怠慢」に解釈したり、「睡眠障害」を「根性」に解釈したり、どうも私たち定型発達の人間は、自閉っ子に対して、ピントのはずれた解釈を付与してしまうことが多いようですね。気をつけなくちゃなあ。

普通学級万歳はどうなのか？

それにしてもここまできてニキさん、「普通学級万歳は、あんまりおもしろくないな」って思っていませんか？

確かに世間一般での扱われ方とか見てるとそういうことを言いたくなることも多いんですが、それは「語られ方」に対して、記事や本に対して思うことであって、中で描かれているケースについて私がそれを感じる・言うことはありません。
普通学級に移ることについては、「大丈夫かな、うまくいくといいけど」と思うし、「移ってもいいと言われるくらいにまで伸びたこと」については、「伸びたんだねえ、よかったねえ」と思

うし。

おもしろくないと思うとしたら、「移れて良かっためでたしめでたし」で終わらせてしまうようなだれかの反応に接したとき、あるいは、そういう反応がどうせまたくるんだろうなあと予想したときくらいなものです。

ここまで読んできてトニママさんについてもある程度の予備知識ができた今の段階だと、トニママさんが「めでたしめでたし」で片づける人だとは思わないし。

そうなんですよ。いやいや、個別に対応した教育、っていうのはまだまだ奥が深いです。そしてトニママさんはじめトニー君の周りの人たちの受容力もすばらしいです。そのあたりを、次の章で見てみましょうね。

〈トニママ、語る　パート5〉
普通クラスへ

こうやって二年生では、普通クラスへと進んだトニーでしたが、最初の期待に反して、決して順風満帆とは言えない日々でした。

「構造化された」八人のクラスから雑多な二十五人のクラスに移り、トニーは混乱したのでした。先生からの指示も、普通クラスでは当然「言葉」が使われます。自閉児クラスのように視覚優位の特性に配慮した伝達方法が優先されるわけではありません。定型発達の子とまじって、学習し行事をこなしていかなくてはなりません。

トニーは落ち着きをなくし、学業面でも遅れをとっていきました。

急な時間割の変更、行事などにも対応できず、皆がいない教室でひとりぽつんと残って、戸惑っていたことなどもあったようです。

普通クラスに送り込むのは、まだ早かったのでしょうか？

もう少し自閉児クラスにいたほうが良かったのでしょうか？


二年生の一年が過ぎました。長い長い一年でした。

このままではついていけない——親も教師もセラピストも、その点では一致していました。

もう一度自閉児専門のクラスに戻ったほうがいいのでしょうか？


親と教師、専門家が集まって、どうすればいいか話し合いました。

そして、トニーを一年、留年させることを決めたのです。

もう一度二年生をやらせて、きちんと学業を身につけさせることがいちばんいいだろうという結論になったのです。


昨年の夏、日本に帰ってきたとき、日本でお世話になった大学の先生にこの留年のことを話したところ、「日本でもそうできればいいのに」とずいぶん感心されました。

かといって、アメリカ人もドライにさばさば割り切ってトニーを留年させたわけではありません。校長先生をはじめ担任や、カウンセラー、専門家達はそろって、トニーのプライドを傷つけないようにいろいろと配慮してくれました。

ひとつ違いの弟と同じクラスにしない。弟の友達とも同じクラスにしない。担任は違う二年生の先生にする。

こうしたことに気をつけてくれました。

では、本人にはどう説明すればいいのでしょう？ 留年することに傷つかないでしょうか？

これには最後まで悩みました。そして、本人には二年、三年の合同クラス（アメリカでは生徒数の関係でひとつのクラスに二学年が一緒に在籍することがある）と説明することにしようか、ということになりそうでした。

でもこのときトニーの祖父（夫の父）が言ったのです。

「もう一度二年生をやることが、トニーにとってプラスになるというのが理由なんだから取り繕う必要はない。これからトニーはこういう経験を繰り返しながら大人になっていくのだから本人にはそのままを伝えたほうがいい。二年生をもう一回やるのは決して悪いことでも恥ずかしいことでもなく、トニーにとっていいことなんだと教えるべきだ」と。

私たちには思いつかなかった意見でした。この意見に先生方も脱帽し、トニーにはそのように説明、納得させました。

けれども、同じ失敗を繰り返すわけにはいきません。

前と同じやり方では、せっかく留年したのがもったいないことになってしまいます。

そこで二度目の二年生のときには、エイド（加配介助）の先生についてもらえることになりました。トニーだけのために、一人加配をつけてもらえることになったのです。これはアメリカでも、いつでも得られるとは限らない手厚い措置でした。加配はつけてもらえても、何人かに一人という方が多いからです。


こうやって私たちは、私たちにとってとても大事なエイドとなってくれるマリアと出会ったのです。マリアはすでに四人の子育てを終えたベテランお母さんでした。

エイドは決してお給料の高い仕事ではありません。ですから率直に言って、エイドの方の質にはばらつきがあります。

採用後、学校区で研修はしてくれますが、教師と違ってとくに資格のいる仕事でもありません。多くの地区では、高卒でもエイドへの応募資格があります。うちの地区では短大卒以上の資格が必要なので、お給料を考えると、応募者も少ないのです。

その中でマリアに出会えたのは、本当に幸運なことでした。


それではエイドとは、具体的に何をする仕事なのでしょう？

時間割が急に変わったときや朝礼の日が変わったとき、パニックにならないように教えてくれます。変化に弱い自閉スペクトラムの子が変化についていけるよう調整役になってくれるのです。またトニーが普通クラスでやっていけるように、普通のお子さんなら自然にのみこめているルールを、さりげなく思い出させたりしてくれます。

たとえば、算数の時間に「1たす1は?」という問題が出たとしましょう。みんな一斉に手を挙げると思います。

トニーはそのようなとき、出し抜けに「2!」と答えてしまうのです。

するとエイドが「トニー、手を挙げてから答えましょうね」とその場のルールを思い出させてくれるのです。

ただ、エイドがついてくれるとなると、問題もありました。それはトニーの「頼りすぎ」です。「1たす1は?」という問題が出ると、エイドの方を向いて「2だよね?」と訊いてしまうようなものです。これは問題です。

そこでIEPミーティングでは、「トニーの成長に従っていかにエイドが後ろに下がっていくか」が討議されることになりました。

あるＩＥＰミーティングのときのことです。先生から「エイドがトニーを甘やかしすぎているのではないか」と議題に出されたことがありました。

スペシャルエデュケーションの担当の先生は、「エイドを変えた方がいいのでは？」とまで言いました。

またレギュラークラスの先生は「変えなくてもいいけれど、もう少しトニーと距離をとったほうがいいのでは」という意見でした。

そこでマリアに相談しました。するとマリアはこう言ったのです。「トニーは最初、なかなかうち解けてくれませんでした。ここまで人間関係を作るのは大変でした。ようやく信頼を得られたのですから、次のステップは少しずつ歩んでいきたいのです」

親として、トニーのことをよくわかってくれているな、と思いました。そしてメキシコ系のマリアに、アジア的な優しさを感じました。

私たちは、「このままマリアでいきたい」と学校に希望を出しました。その年も、その次の年も、マリアにトニーを受け持ってもらいました。

昨年、トニーは小学校を終えました。私たちの学区では六年生から中学生です。

マリアもトニーも、そして私も、涙・涙の別れとなりました。

日本では「アメリカの自閉児は将来が一〇〇パーセント保障されている」と伝えられていると聞いています。

どこをどう間違ってそのような情報が日本に伝わったのかわかりませんが、こちらも何ひとつ確かなものはないのが現状です。

ただアメリカの場合、そうした不安定さは障害の有無と関係がありません。

こちらは博士号を持っていても職がない人がたくさんいます。

企業も簡単に首切りします。その分転職も日本より身軽ですが。

ただ障害児の親としては、将来を思い描くとき、障害に詳しい専門家と方向性をひとつにできることに支えられています。

そして、柔軟性のあるシステムに希望を与えられています。

障害児→養護クラス→施設とすでにコースが決められていて、三ステージしか想像できないと、親も将来に希望を持てず、悲観的になってしまうのではないでしょうか。

これが三ステージだけでなく、五ステージも六ステージも選択があって、各ステージで柔軟性のある選択ができれば、親としても障害を受け入れやすいのでは、と思います。

やはり行政の理解と支援が大きく必要だということでしょう。

「あれができるから、これもできるだろう」はまちがい

ニキ　トニー君、混乱したんでしょうね。

花風社　そうでしょうね。私はあるお母様から「ＴＥＡＣＣＨくずし」っていう言葉を聞いたことがあります。構造化された環境からじょじょに、ふつうの環境に慣らしていくプロセスのことらしいんですが、これが難しいようですね。みなさん、ご家庭で工夫を凝らしたりしていらっしゃるようです。

ニキ　「くずし」という表面的な名前から誤解のないようにしてほしいですね。要するに、「どれでもできるように選択肢を増やそう、使い分けへの道を開こう」ってことですよね。

そうそう。たとえば「アイスクリームを食べに行きましょう」ということを言うとき、最初は絵を見せて、次は絵と字で、次は字と言葉で、やがて言葉だけで……とじょじょにごくふつうの環境に慣れるようもっていくようにしたりするそうです。

私の地元の場合、小学校に入る前段階ではＴＥＡＣＣＨプログラムを受けていても、小学校に入るとない場合が多いわけですね。そこで学校に入るとお子さんが混乱する、ということに気づいたお母様たちの知恵が、先輩お母様↓後輩お母様に継承されているんですね。

逆にトニー君の話をしたら、「なんでアメリカでそんなことくらいわかってないの？」と「きょとん」という感じでした。でももちろんアメリカでもそういう知恵の積み重ねがあるから、「〇〇一辺倒」っていうクラスが減ってきたりしたのだと思いますが。

いずれにせよ、アメリカほど学校でのバックアップがない中で、こういう知恵の伝承をしているのを見ても、親御さんの会の活動って有意義なんだと感心しました。私の地元では、こうした親の会の活動に行政バックアップがあります。

ところでニキさんは、どういう誤解を避けてほしいと思っているんですか？　「ＴＥＡＣＣＨくずし」に際して。

私、子どものとき、通常学級の図工の画材で誤解したことがあるんです。

幼稚園のときはクレパス、小学校の低学年は水彩、高学年や大人は油彩、って思ったもので、ドガが大人のくせにパステルで踊り子を描いてるのを見て反発しましたね。クレーも大人のくせに水彩描いてる、と。殺してやりたい。でも殺人はいけないから、意見してやるくらいで許してあげよう、と思ったけど、なにしろ私が生まれる何十年も前に亡くなっている人を殺すことはできません。それに、ドガに意見するにはまずフランス語を習うところから始めなくては。えらいロングショットじゃないですか。

そういう認知特性のある子どもが相手のときは、「あとからできるようになったやつほど大人っぽい、かっこいい」という俺ルールを作らせないようにしないとね。

ピアノのときはそういえばそういう誤解はしなかったな。ハ長調のあとでト長調を習い、へ長調、ニ長調、変ロ長調と進んでからも、ハ長調やト長調の曲が出てきても変だと思わなかった。シャープやフラットが多ければ多いほど上級生の曲、とは思っても、上級生の本にもハ長調の曲はあることを知っていた。

その差はなぜついたのかしら。

字とか音声で理解できるようになった人でも、大人になって仕事を始めたりして、そっちにエネルギーを使わなきゃいけなくなったら、ラクにわかる絵の方が仕事に回せるエネルギーが残る、っていうことはあると思います。

とにかく、環境の切り替えってむずかしいんですよね。私も大学に入って混乱したのは、先生が教室に来るんじゃなくて、時間ごとに教室を移動しなければならなかったことなんです。二回中退しているんですけど、二つめの大学なんて同じ規格の校舎が並んでいるようなところだったんですよ。あれはわかりにくかったですね。

それに、大学は高校までみたいに時間割が決まっているんじゃなくて、自分で科目を選考するから、一人一人時間割が違うじゃないですか。一つめの大学のときでしたが、その時間割をなくしたのも中退のきっかけのひとつでした。

時間割をなくしたのが中退の理由って、どうして？　時間割のコピーはとっておかなかったんですか？　それに、学務課かどこかに行けばなんとかなるとは思わなかったんですか？

コピーは、何となく、とってはいけないような気がしていたような気もします。

ノートなんかについて、「コピーじゃ勉強にならないぞ」みたいなことを言われたのと、区別がついてなかったのかもしれない。

なるほど。そこに混線があったのか。

それと、なくすかもしれない、と思いつかなかったってのもありますね。熱意があるならなくさないはず、みたいに思ってたようです。熱意があったってなくたってうっかりするときはするし、うっかりしない人だって、ひったくりにあうことも火事にあうこともあるんだ、ということを、知りませんでした。

コピーをとったらなくすようになる、と思っていたらしいフシもあります。根性論の覚え間違いですね。

で、「時間割なくしたら、どの授業に出たらわからない」と思って、学校に行けなくなって、そのまま中退することになりました。

まあ、それ以前に、授業についていけなくて単位落としまくってたわけですが。

それと、教養向けの基礎実験という必修科目があって、それ、講座の紹介、教官の紹介を兼ねてるんですね。全部の科目になじみつつ、器具や薬品の扱いに慣れつつ、四年生のときに研究室を選ぶ参考にするという趣旨のものだったんでしょう、毎週先生が違い、毎週場所も違う（その週の担当の先生の部屋だから）というもので、これについていけなかった。

バイトができなくなったワケ

ニキさん理系で赤点とりそうで「理系がんばりなさい」って言われた言葉を誤解して、受験して理系の大学入れちゃったんですよね？　私はどう逆立ちしても、理系の大学なんか無理だったですよ。そういう意味ではニキさんの方が、ずっとツブシが効くと思うんですけど。
そんなに学習の面ではデキる子が、まさか教室の移動があるから、時間割をなくしたからつまずいているとは外からはわかりませんよね。

理系の大学入っちゃったといっても、英語とか国語なんかの点数を全部足して入ったんでした。だから、入ってから、教養課程の自然科学系の科目がどうしてもとれなくて留年することになったんですが。数学で足切りがあって落ちていたらなあ、と今になってからは思います。
とにかく「あれができるから、これもできるはず」が通用しないんです。

そのあたりが支援の必要なところなんですね。

それで大学を中退したら、バイトもできなくなりました。

なぜ？　大学行かないのなら、バイトする時間もたくさんあるじゃないですか。

バイトの探し方がわからなかったんですね。知らないところに電話かけて面接申し込んだり、そういうのも無理だし。大学に行っている間は、大学に来るバイトの求人に大学の人が申し込んでくれたけど。たしかに、郵送で応募のところもそれなりにあったけど、「学生」っていう身分がなくなったら、当てはまりそうな募集枠がなくなったんですよ。結婚したら、お歳暮なんかの時期になると「主婦」という枠で募集がかかったから行けましたけどね。季節物の郵送なんかも。

今はコンビニの求人張り紙とか、「フリーター」って書いてありますよね。そういう人たちの存在が認知されている世の中だから。当時はまだ、そういうカテゴリーはありませんでしたけどね。

でも「学生・主婦」とか書いてあっても、別に大学中退してとりあえず次の行き場を決めていない当時のニキさんみたいな人だって応募してよかったんだと思いますよ。

そうなの？

「学生・主婦」とか書いてあるのは、「とりあえず今のところどこかよそで正規に雇用されているわけじゃなくて、有給休暇とらなくても来られる人」っていう意味だと思うけど。

「学生・主婦」にそういう意味がありましたか。それは知らなかったなー。じゃあ、別に「生徒が少ないピアノの先生」や「注文がとぎれた漫画家」がやってもいいのか。

新人作家担当している編集者なんか「まだ本だけじゃ食べられないから、いつ電話してもバイト中でつかまりにくいんだよね」なんて言ってますよ。でもどこのコンビニの張り紙見ても「まだ本書くだけじゃ食べられない新人作家」は募集していませんね。

なるほど～。そうか～。
もっとも私がバイトできたのも、当時の景気がよかったからなんですよ。当時はそれこそ就職も売り手市場で、内定の学生を企業が拘束してどこか連れて行ったり、とか、そういう時代だったじゃないですか。

そうですね。

そういう時代だから大学に学生バイトの募集もいっぱい来たし、私でもできるバイトもあったんですよ。景気がいいと求人があったというだけじゃなく、バイト仲間や正社員の当たりもやわらかかった。少々物わかりが悪くても、落ちついて教えてくれた気がします。忙しかったのに。

条件が悪いとよそへ逃げられると思ったのもあるだろうし、当時は気がつかなかったけど今ほど気分がしけしけしてなかった。

だから景気良くするって大事なんですよね。

定型発達の人に余裕がないとこちらまで気が回らないだろう、っていうのはそういうこともあるんです。障害者の就労だって、景気に左右される。時代によりますよね。

本当ですね。世の中全体がボトムアップするには、まずそれぞれが自分の仕事に励まなきゃね。

ニキさんもバイト行った先では、そうめんの箱詰めとか、お歳暮やお中元の配送センターとか、得意だったんでしょ？

えんえんとそうめんを箱詰めするのも得意でした。何しろ飽きないから。それに、伝票をいくつか持って目当ての商品を探してくるのなんかも得意でした。伝票も何枚だって暗記できたし。

今思うと自閉の特徴を職場で活かしていたんですね。それにしても、大学という場を失ったらバイトもできなくなるっていうのは盲点ですね。働き始めたら役に立つ人でも、その前の段階でつまずいてしまうんですね。

学力と生活力を切り離して考える

トニー君の場合はまず自閉児クラスの「構造化された」中にいて、そこで状態が安定して普通クラスに行って、そこで崩れて……という道をたどったわけですが、「学習面で崩れたんですか？　それとも生活面で崩れたんですか？」とお母様にお訊きしたら「両方です」ということでした。そこでいきなり「やっぱり普通クラスじゃダメだ」じゃなくて、一年留年するという決定をして、しかも加配介助をつけるっていうのはいいですよね。

本当ですね。学習面だけを見ていないし、生活面だけを見ていない。能力の凸凹をわきまえた対応ですね。

このように養護クラス等と普通クラスが往復可能だと、子どもの学習環境にも状況に応じた柔軟性が出てくるし、片道切符ではないと知れば、親としても子どもに合った環境を用意しやすいですね。

また朝倉さんのブログから引用させていただきましょうか。お母様と先生の「個人懇談会」の記録です。

【先生より】

五年生になってからの協力学級（編注：普通クラス）での授業だが、これまでの音楽、体育、理科、図工に加えて、社会科か家庭科のどちらかを増やす方向で行きたい。お母さんとしてはどちらがよいと思われるか。

昇平くんには、将来高校を受験することも視野に入れた指導が必要だと思うので、今後、教科学習に力を入れていきたい。

【お母さん】

お母さんとしてはどちらが？　と聞かれた五年生からの教科学習だが、「どちらの教科の方が、協力学級でよく学習できるか」という観点で話し合いをした。具体的に言えば、社会科と家庭科、どちらのほうが、学習内容を理解できて、退屈することなく参加できるか、という視点。

何しろ、昇平はＡＤＨＤ。集中力は弱いから、すぐに退屈したり、待ちきれなくて騒いだりする。

家庭科の方が実技系だから退屈しないかと思ったのだが、最近の家庭科はむしろ知識としての教科内容が増えてきているらしい。実技で例えばミシンを使ってエプロンを作る時にも、数少ないミシンが空くのを順番待ちする時間の方が長かったりすると言う。……それって、昇平が一番退屈して騒ぐシチュエー

ション。（苦笑）
　それよりは、むしろ、必要に応じた実技内容を、ゆめがおか（編注：特別支援級）で一対一で指導された方が、本人の技術習得にもつながるだろう。ミシンだって、ゆめがおかの教室に持ってくれれば、好きなだけじっくり使うことができる。
　社会科の方は、中学進学、また高校受験を考えた時、必要になってくる教科でもあるし、介助の支援があれば、協力学級でも十分理解していけるだろう、という話になり、結局、五年生になってからは、社会科を協力学級で受け、家庭科は内容を選んでゆめがおかで指導していってもらうことになった。

日本には義務教育の「留年」や「飛び級」は認められていませんが、こうやって現場では細かい対応をしている例もあるんですね。「養護学校」「特殊学級」「普通学級」くらいしか区分がなかったことを思うと、ずい分きめ細かくなったと思うけれども。

色々なタイプの障害が知られてきて、教育現場も変わっていっているんですね。私も今みたいに選べるんだったら「特別支援級」に本拠地を置いて、朝の会とか図工とかおそうじをそ

こでやって、国語と算数と理科と社会は普通クラスに通級するとか、そういう風にやりたかったな。そういうのだと、親も受け入れやすかったかもしれない。

特別支援学級の一日

ところで、特別支援学級ってどのように進んでいるんでしょうか？

あくまで一例ですが、横浜のある小学校ではこのように一日が進んでいるようです。

登校（親と一緒の子も一人で来る子もいる）

←

ロッカーに荷物を片づける。連絡帳を出す

←

交流学級で朝の会

←

支援級の朝の会。音楽などをかけたりして、落ち着ける雰囲気を作る

とにかく、いいスタートを切れるように工夫

個別学習（国語・算数など）
一人ずつ学習
↓
中休み（二十五分間）
外遊びに行ったり、雨の日はパズルをやったり
普通学級から子どもたちがたくさん遊びにくる
↓
集団学習（体育・音楽・図工・調理・栽培など）
↓
給食（バラエティに富んでいておいしい）
偏食のある子もいる。偏食指導については保護者と相談
給食指導で大事にしているのは「食べた！」という事実
「残してもいいんだよ」とは言わない。でも何か食べられたら
「食べたね！　がんばったね！」と声をかける
↓

お掃除（みんなで）

それでこのクラスの場合は、普通クラスより早めに切り上げるそうです。体力や集中力に鑑みて。

疲れると定型発達の子よりダメージ大きいですからね。パニックにつながることもあるし。

つき合い麻雀をする人からきいたことがあるのですが、徹夜で麻雀した翌朝って、やめてから目をつぶっても、いつまでもマブタの裏で牌が勝手にツモられて、手が組み変わるのだそうです。大変ね。でも、それに近いと思う。頭の中がうるさくて、休んでも休まらない。

本読んだりテレビ見たりして上から塗りつぶしてもらおうと思っても、新しい本、新しい番組だと（ってテレビはほとんどが新しい内容ですが。再放送をのぞいて）、「ん？　なになに？」と入りこむところでもう、自動ツモ牌映像に邪魔されて理解に至らないので、何回も読んで覚えてる本、何回も観てるビデオじゃないとダメなんですよね。

そういうことなのか、自閉の人たちの疲労って。大人になった自閉の方たちを見ていて

も、疲れることのダメージが私たちと違いそうだ、大変そうだと思います。なんというか、肉体が疲れるだけじゃないんですね。それに回復にも時間がかかるし。

普通クラスとの交流については、どのようにやっているんでしょうか？

ここの場合だと、どのクラスと交流するかは最初に決めておくそうです。席は両方のクラスにいつでもあります。先生も両方担任です。一人一人の交流もあれば、クラスごとの交流もあるそうです。とにかく、本人にとってもまわりの子にとってもいい状態でできることを大切にしているそうです。

行事は？　普通の授業じゃない行事はどうやっているんでしょうか？　トニー君も一年目の普通クラスで、行事に混乱したそうですが。

全校行事としては、入学式とか卒業式ですね。このときは本人の状況に応じて、支援級の先生が付き添いをします。運動会もありますね。

運動会……。なんであんなのやるんだろう。やらなくてもいいのに。

……やっぱりつらい思い出があるんですね、運動会。

あるお母様から聞いたんですけど、そちらのお子さんはニキさんと同じように汗をかきにくいタイプなんだそうです。暑さに弱いんですね。それで十月から五月に運動会が移っただけでラクになったようですよ。十月が本番だと、暑い時期に練習しなくちゃいけないから。

私だったらたぶん、五月は反対に大変かもしれません。三月から五月くらいって、あたたかさに適応する途上で熱暴走しがちだから。

自閉の方は人それぞれですが、季節の変動に敏感ですよね。行事をどれだけこなせるかも、季節と身体の相性に関係していそうな気がします。体調って大きいですよね。

さかむけを切り、胃にもたれない物を適量だけ食べたり、空調も「気がつかないくらい」の適温で、イスの高さが合っていて、歯石もとり、蓄膿も治療し、照明も電球を取り替えたばかりだったりすると、自閉症のままでも、ソーシャルスキルトレーニングに身が入るかもしれないし、トイレトレーニングだって失敗が減るかもしれないんですよね。
全般的に体調が良いと機能レベルは上がるでしょうね。
入学式に卒業式に運動会。行事はそれで終わりですか？

この他に、支援級だけの行事「宿泊体験学習」があります。見通しが持てるように毎年同じ時期に行うそうです。区の支援級が集まって、旅行に行きます。事前学習もしますし、それぞれ役割を持たせて、高学年になるほど責任が重くなっていきます。帰ってきたら発表会もするそうです。一人一人の良いところが出せるように工夫するそうです。

それに宿泊体験の前に、みんなでなじめるように遠足に行くそうです。お芋掘りとか。

夏休みは？

四十日間、長いですよね。だからこそ、大事な時期ととらえているそうです。始まりと終わりの十日間ずつプール学習があって、そのときには必ず支援級の先生が立ち会うようにするそうです。合間にドリル学習なんかもするそうですよ。それに夏休みの前に受け取る通知票。独自のものを作っているそうです。AとかBではなく、文章でつづったものを。

朝倉さんのケースといい、今浅見さんが言った横浜のケースといい、「親と教師の話し合い」って結構できるようになっているんですね、日本でも。

でも、「まだできていない」とおっしゃる方もたくさんいます。「発達障害者支援法」ができて、昔みたいに「発達障害なんて実在しませんよ」と門前払いされることはぐっと減ったけれども、まだまだ理解が足りない、と親御さんが不満をもたれるケースも多いようです。あと、「自閉ならこうこうだ」と決めて、紋切り型の対応に終始していたり。

ただ、やれているところではやれているんですね。私が住んでいるところは、県レベルで見ても、朝倉さんが住んでいるところの二十三倍の人口密度があります。自治体の規模がそれぞれでも、やれるところはやれているわけですね。

エイドの役割

エイドの役割って、具体的にどこまで及ぶのでしょうか？　たとえば先ほどの朝倉さんの場合も、先生からの連絡帳にこんなことが書かれていたみたいです。

二月一三日（火）

記録者：ドウ子

今日の3時間目はF子さんが風邪でお休みで、私がついていける状況だったので、昇平くんについて4－3の理科に行きました。

見ていてすごいと思ったことは、板書を写したノートの絵や図に、弓子先生（編注：普通クラスの担任の先生）の話を聞いてわかったことを、自分で書き込んでいたことです。書き加えている内容も正確で、弓子先生も後から、昇平くんと同じようなことを書いていたくらいで、本当に中学生のノート取りのようでした。学習内容としては、十分ついていっています。

ただ、やはり、誰かそばで支援する人の必要性は感じました。

言わない方が良い場面で、突然先生に大きな声で個人的に話しかけたり、多少飽きた時に、両手を机の上にバン！　と置いて大きな音を出し（怒ってはいない）、周りの子をびっくりさせてしまったり……。

また、昇平くん個人の学習としては、みんなで声を合わせて読んでいる箇所が見つけられなかったり、先生のことばの端はしをとらえて自分で別の話をしゃべり、ひとりで笑って集中がとぎれたり……。

授業の後、弓子先生とも、支援する人さえいれば集団で学習をしても何の問題もないね、と話し合いました。

トニママに詳しく質問してみたところ、「一対一のエイドがアカデミック、ソーシャルスキルの指導の大きな役割をしてくださいました」という答えが返ってきました。人材の手当は学校区によって違うそうですが、トニー君の学校区には普通クラスとスペシャルクラスの間をとりもつコーディネイタがいて、その方が専門的な指導は担当してくれたそうです。

ちなみにトニー君の場合はソーシャルストーリーが一番効き目があったそうで、My Red Book と名づけたバインダーを持ち歩いていたそうです。そこにセラピストやエイド、クラス担任、親などがそれぞれ、「いけないこと」について「なぜいけないか」ストーリーにして書き込んで、問題行動、問題発言があったときにそのバインダーを見せて納得させていたそうです。頭ごなしに「NO!!!!」と言うより効果があったとか。

ずるいって言われない？

聴覚過敏があったりすると特に、怒鳴られると内容まで聞こえませんからね。

一つ疑問なんですけど、普通クラスの中でエイドがトニー君だけについているわけでしょう？「ずるい」とか言われないのかな。

私はアメリカのＩＥＰの具体的すぎることにちょっと違和感を抱いて、「異なるバックグラウンドを持つ人たちが集まる国だから、ここまでいちいち細かく紙に残すことが必要なのかな」と思ったんです。朝倉さんのやりとりとかを見ていても、アメリカほど具体的じゃないし、ビジネスライクじゃないし、むしろ日本人としては「こっちでいいじゃない」と思わせられるところもあって。実際にきっちりとしたＩＥＰフォームにもとづくＩＥＰは、現場の先生から「形式的で使いにくい」という声もあがってくることもあるようだし。「最初に立てた目標じゃないところで伸びたのをどう評価するか」とか。

なるほど。

そもそも長期目標を立てるかどうか、のコンセンサスができていないようですね、まだ日本では。将来を見据えた支援をしてほしい、という親御さんもいらっしゃれば、とにかく目の前の問題行動を減らしてほしい、という方もいて。

どっちがいいんだろう。

でも、どうやら何でもかんでも紙に残すのは、法的にその子を保護する意味もあるようなのですね。つまり「トニーだけずるい」と言う子（あるいはその保護者）がいても、「法律で決まっているのよ」と理論武装しておく状態にするという。「文句があったら自治体に言ってね」と。逆にいくら口で約束しても、紙に残らないものにはびた一文出ない、と。コピー一枚余分にとるのもＩＥＰが必要だそうです。

なるほど。日本ではどうなんだろう？　納得するのかな、それで。

日本でもあまり「ずるい」という人はいないような気がするんだけど。

それは地域性によりますよ。保守的な土地柄ではまだ大変つらい思いをしている人もいるはずです。

そうかもしれませんね。ただ、「ずるい」とか言い出すみみっちい人はこの国では、「法律で決まっているのよ」では納得しないような気がする。日本はすでに、そういう子の支援まで乗り出せるだけの国なんだっていうことに気づいていないのかもしれない。あるいは、自分の利害ばかりにとらわれて、共同体っていうものが支え合いであることを忘れているのかも。自分だって誰かに支えられているのだし、税金たくさん納めているのなら、それはそれでいいことなんだと思っていれば、「ずるい」っていう発想は湧いてこないと思うんだけど。この国では自然災害が起きた現場で暴動や略奪があんまり起こらない。それくらいの民度はあるはずなんですけど。

むしろ私は、そこにまで法律持ち出さなきゃならないアメリカって大変なんだな、と感じました。暴動も起きるしね。そういう国だから、私は「アメリカ＝人権大国」っていうよくある思いこみを留保なしに肯定する気にはなれないんですね。元々いた人から奪った土地に集って作った国だからなのかなあ。日本という国の成り立ちは、もっと自然ですよね。

たしかにたくさんの専門家が一人の子に関わってくれるのはすばらしいけど、その分意見の不一致も出てくるでしょう。「自分はこの子をこう見てる」「いやそうじゃない」って。そのすりあわせをいちいち紙に残すから、紙の量が膨大になる。ＩＥＰも、具体的になる。逆に日本人同士のコミュニケーションって、口に出さなくてもわかることが多くて、意見の対立を避けようとするから、やはり違ったかたちのＩＥＰが必要なんだと思いました。

特別支援は必要なんだけど、どうしても余分に手やお金がかかってしまうでしょう？それを言われてつらい思いをしている方は多いですよね。

ひとつびっくりしたのは、発達障害の当事者が触法行為を起こしたときの態度の違いですね。アメリカではその種の事件が起きると「税金が余分にかかることを納得してもらえるチャンス」ととらえているとある親の会関係者がおっしゃっていて。

へえ。地域で偏見もたれないんですかね？

犯罪と結びつけられがちな要因は、障害以外にも色々あるそうです。人種とか、極端な貧困とか。色々な人種や宗教の人が入り交じっていて、いくらでも差別が発しやすい国だからこそ、差別をしてはいけないという教育は大切にしているんですね。それでも差別がまったくないわけではなさそうですが。ただ、公共の場で問題行動を起こしても「親のせいじゃない。そういう弱さのある子なんだ」と周りが知っているか知っていないかだけで、ずいぶん親は気が楽になるんだな、と思いました。アメリカは実はタフな社会だけど、表面はフレンドリーですよね。それだけで親御さんの気持ちがなごむのがわかりました。

でも日本人にももちろん、いいところはありますね。均質なだけにいいところが。朝倉さんは「理解さえしてしまえば、受容的で優しい人が多い」とおっしゃっていました。アメリカから日本に帰ってきた方に聞いても、「日本で近所の人に、うちの子はこういう弱さを持っていると説明すると、意外と理解してくれて、自分のところのお子さんにもきちんと伝えてくれる」と。やはり知識と知識をきちんと伝達することが大事なのではないでしょうか。

ＩＥＰに関しても朝倉さんにも意見をうかがったんですが、「これまでの日本の学校教育の良いところの上に、ＩＥＰの概念を上手に取り入れていってほしい。徹底した計画と、その計画に基づいた実践は、たしかに効果的だしわかりやすくやりやすいかもしれないけれど、日本の中で昔から培われてきた良い親子関係（ＩＥＰだと教師と生徒の関係）も大切にしたい。何もかもまっさらにリセットしてしまわなければならないほど日本の親子関係や学校制度が出来が悪い、なんてことはないと思うのです」ということでした。その通りだと思いました。

放課後の問題

トニママさんは働いているそうですが、放課後はどうなっているんですか？

これがつねに、大きな問題みたいです。車社会なので、子どもたちだって友だちと遊ぶにしても、約束して、誰か送り迎えを確保して、という手順が必要なわけです。自閉のお子さんは、そのあたり難しいですよね。トニー君は今、自閉っ子向けアフタースクールに通っています。

どういう施設ですか？

これも民間なんですね。ただし利用料については一部負担で、自治体が援助を出してくれているようなんですけど。こういうことをアレンジする「リージョナル・センター」というのがあるんですが、これもやはり役所が直接はやらないんですね。ＮＰＯに行政の仕事を委託するというかたちです。とにかく、公務員を増やさないようにしていますね。

トニー君が通うアフタースクールを主宰しているのはやはり高機能自閉症のお子さんを持った

ご夫婦で、学業に力を入れる方針なんですね。で、その方針に基づいたアフタースクールを探したけどなくて、自分で作ったということです。見学させてもらいましたが、小さなプールやプレイグラウンドもあって、運営側にも信念があって、当然相性の良し悪しはあると思いますが、良質な印象を受けました。企画を役所に持っていったら、福祉とか、デイケアとか、経営とか、さまざまな講座への参加を義務づけられたそうです。それから二〜三年交渉を繰り返し、許可が下りたということです。

へえ、親御さんが作ったんだ。

そうなんです。ひとつの目的は「将来この子たちに働く場を与えるため」ということでしたが、このあたりの切実な親心は、日本と同じです。

日本ではどうなのでしょうか？　放課後の問題は。

横浜では「はまっ子クラブ」という「放課後キッズクラブ事業」がありますね。余裕教室を使って、学校の先生も関わって、学校でそのまま学童保育するみたいなイメージです。ただし、お母さんが就業していなくても入れます。都市化が進んで子どもの遊び場所がない時代ですから、大事な事業だと思います。

障害のあるお子さんも行けるんでしょうか？

障害のあるお子さんを受け入れるところには、加配が可能な体制を整える方向に進んでいるそうです。お金が出て、それで「補助指導員」という人を増員すれば受け入れ体制が整う、ということですね。ただ、ならばそういう指導員にはきちんと知識を持ってほしいし、静かにできる場所など物理的な環境も整えてほしい。まあ、そういう場所がいいのか、それともトニー君みたいに自閉児向けに特化したアフタースクールがいいのか、それもわからないんですが。

わからないなあ、それは。ふつうのお子さんがにぎやかなところだとつらいかもしれないし。周りが心配するほど、友だちいなくてもさみしくないかもしれないし。

その他にも、自治体として「障害児をお持ちのお母さんでも希望があれば就業できるようにバックアップしよう」という動きがあるようです。放課後育成事業に障害児を受け入れる予算とか。

　障害児をお持ちのお母さんは、仕事につきにくい面も出てきますね。むしろこれまでの日本では「障害児がいる以上、働かないで子育てに専念してなさい」という雰囲気だったような気がします。

　でもそれに向いている人と向いていない人がいるでしょう。

　その通り。アメリカでは、「障害児の母だからと言って、就業できないのはフェアじゃない」という考え方で、そのあたりのバックアップ体制があります。ただそれは、厳しい社会の裏返しでもあるんですよ。でも、厳しい社会だからこそ、日本で切望されている専門家が生まれやすい社会でもあるんです。
　そのあたりは、次の章で見てみましょう。

〈トニママ、語る　パート6〉
親としてのチャレンジ

現在のトニー

二〇〇五年秋、日本での楽しい夏休みを終えたあとトニーは、中学生になりました。中学では、自閉のスペシャル・クラスを選択しました。

小学校では普通クラスにいましたが、中学ではあえてスペシャル・クラスを選んだのです。

思えば小学校で普通クラスに編入したときにも、皆さんから様々な反応がありました。「すごいねえ！」「普通の子と一緒に勉強できるんだ」などとヤケに大げさに言われたり、統合教育に批判的な人からは「普通クラスに入ったら苦しむだけだよ。本人のためによくないよ」と言われたりしました。

それでも私は普通クラスに入れたことを後悔してはいません。

勉強はたしかに大変でしたが、普通クラスでたくさんのロールモデル（お手本）にもまれました。これは、本人にとっていい経験でした。

小学校時代、学科の中でとくに苦手だったのはリーディングです。そこで、一学年下の子たちのクラスでリーディングを受けていました。

そこで一緒だった友だちにこの前ばったり会ったとき、こう声をかけられました。「トニー‼ お前中学入ったんだって⁉ 僕より頭よかったんだあ。来年僕も同じ中学行くからよろしくな」その子はこう言って、トニーの肩をたたいていました。

正直でいいなあと思いました。

今年は中学のスペシャル・クラスにいて、ほとんどの科目で、普通クラスに通級していません。実は、勉強が遅れてしまっているのです。でも個人指導で、今までの勉強の遅れを取り戻しています。

日本もじょじょに変わってきていて、私が「診断を受けられない！」と必死になっていたころとはずいぶん変わってきたと聞いています。駐在員の家族としてこちらへやってきて、迷いながら日本へ帰っていった友人も、教育委員会などに出かけて少しずつ自分たちの手で状況を変えています。これから日本でも、選択肢に迷う時代が来るかもしれませんが、いつでも子どもの幸せをいちばんに考えられたらいいですね。

私たち親は、どうしても子どもを感情論で語ってしまいます。

子どものことになると盲目になってしまいがちです。

ちょっと何かができるようになると大した事でもないのに大喜びし、ちょっと何かが出来なかったりすると落胆します。他の子と比べて劣ってる優れてると気にします。

ＩＥＰで、療育のプロから子どもを評価・分析してもらうことは、子どもを客観的に見ることを教えられる機会でもあります。

こちらから日本を見ていると、日本が恵まれているなあと思うことも多々あります。

そのひとつは、先生という職業が安定していることです。

日本の先生たちは、きちんとした待遇を受けています。ところがこちらでは、先生は安月給で割りに合わない仕事になっています。

私の住むサンノゼ地区はハイテク産業の集積地でＩＴバブルを経験し、お金持ちが他の国から移り住んでくることも多く、即金で家を買う人なども多いので不動産価格が高騰しています。以前より安くなったという東京二十三区内より、物価が高いのです。

そのため、よほどのお金持ちでない限り夫婦共働きが必須になっています。そもそも、先生たちのお給料では暮らすのが難しい街になってしまっているのです。

学期の途中で突然「いい仕事見つかったから辞めます」なんていって、先生がいなくなることもあります。取り残される親と子は「ボーゼン」という感じです。

こういうことがまず考えられない日本の教育現場は、安定しているなと外から見ていて思います。

また、成績に関しても非常に厳しい競争があります。なぜなら学校全体の成績で、学校に当てられる予算が違ってしまうのです。

成績のいい学校にはふんだんに予算が与えられ、民間の学習塾が入って生徒を鍛えます。当然、ますます有利になります。成績の悪い学校からは予算が削られ、仕方なく「じゃあこの学校では音楽を教えるのをやめましょう」「図工はやめましょう」などといった極端な対処をすることもあるのです。もともと主要教科以外の教師は、正規雇用ではなく契約スタッフなので、切るのも簡単なのです。

そういう学校にも、音楽や美術の才能を持った子は潜在的にいるかもしれません。その芽をむざむざと摘んでしまうことになっているかもしれません。音楽を愛する者としても、音楽を仕事にしている者としても、嘆かずにはいられません。

非常に貧しい家の子もいることへの配慮もあって、教科書も貸与で、書き込むことはできません。学年が終わったら、学校に返すのです。これが、唯一の超大国と言われるアメリカの教育現場なのです。

IEPは私たち親を助けてくれますが、逆にIEPで紙に記されないと何も動きません。余分にコピー用紙を使うのも、すべてIEPで認められてからでないと許可されないのです。

トニーは今、音楽をやっています。ニキさんにはおしかりを受けてしまうかもしれませんが、音楽をやらせたい、というのと、日本語をしゃべらせたい、というのは親として最低譲れない希望でした。日本語ですでにできていた親子関係を大切にしたかったし、大人になっても余暇に音楽を楽しむ生活をしてほしかったのです。大人になってからの生活の方が、長いのですから。

中学では自閉クラスに入りましたが、オーケストラではトニーのことを理解してくれている小学校のときからの友だちや新しい友だちがいます。

その様子を見ていると、友だち関係なんていちいちセラピーで学ぶ必要あるのかなあ、なんていう思いも心をよぎります。もしかしたら友だちがいなくてもいいのかもしれないし。

とにかく子どもが自然体でいられるのが一番健康的でいいのでしょう。

そして子どもが生き生きしていられるのは、まず子どものまわりにいる親や学校関係者がハッピーであることだと思います。

誰もが親に向いているわけではありませんが、向いていない親のもとに生まれてきても、子どもがきちんと育つ仕組みがあるほうが子どもたちのためです。

これからできていくであろう日本流ＩＥＰに期待します。

私は母であり、妻であり、音楽教師です。でもさまざまな自分の中で、母としてほめられたときにいちばんうれしさを感じます。親としての自分が、いちばんチャレンジしているように思うからです。

そして人生は、チャレンジの連続だからです。

ニキさんの希望

子育てしてから教師になる

花風社　いや、アメリカで、ある小学校の自閉っ子クラスを見学させていただいたんですけどね。

ニキ　どうでした？　一クラス何人くらいですか？

そこのクラスは六～七人でしたね。お休みしていたお子さんもいらっしゃいましたが。先生が一人にエイドの方が二人。お勉強は一人ひとりその子の進捗に合わせてでした。スペリングテストも、一人ひとり受けていました。できなくてかんしゃく起こす子もいましたが、先生も冷静に対応していましたね。

先生はどんな方でした。

それがとても印象に残った方でした。四人のお子さんをすでに成人させた五十代後半のお母さんで、若々しくて、心の底から自閉っ子の先生を楽しんでいる感じでした。

そう、楽しんでもらえると生徒もラクだと思います。

トニママも言っているように、サンノゼで先生という職業で食べていくのは大変なんだそうです。で、この先生も四人の子育てをしている間は、とうてい教師になれなかったそうです。教師のお給料じゃお子さんを食べさせられないから。でもお子さんたちにお金がかからなくなってから、大学に行きなおして障害児教育を専攻して、それから長年の夢だった障害児の先生になったんですって。

四人もお子さん育てたのなら、たとえ全員定型発達でも、それぞれ違うことがよくわかったでしょうね。

そうですね。さすがに、経験が豊富だから子どもたちとの接し方にも余裕がありますね。そして子どもたちと一緒にいることが楽しくてたまらないという感じでした。たとえば、席順をどうやって決めるの？　と訊いたら「こっちのA君はね、前にいる子にちょっかい出したがるの。でもその前に座っているBちゃんはね、おしゃまな小さなお姫様だから相手にしないから、授業が進むの」とか。

楽しそうですね。

本当に。席を決めるのひとつとっても先生の仕事ってクリエイティブなんだなあと思いました。学科の面では何に気をつけているか訊いたら、「進行は遅くても絶対他の子と同じくらいの力を身に着ける」と決めているそうです。そのためになるべく楽しく勉強できるように、一人ひとりの様子を見て教材に工夫を凝らしていました。
あと、合間合間に軽い体操の時間をとっているのも印象的でした。先生はきれいな服を着ているけど、そのままで屈伸とかして、子どもたちもそれをお手本に体操をしていました。身体を動かすと気分も良くなりますしね。

そういう、子育てを終えてから仕事を変えるとか、一般的なんでしょうか？　トニー君のエイドのマリアさんも、たしか子育て修了組でしたよね。

私が今回アメリカに行って感じたのは、アメリカの女性たちがあまり「大黒柱幻想」を抱いていないことですね。家計の担い手としての責任感を持っているし、だからこそ、たとえ障害児の母とは言え、働く機会を奪われるのはフェアじゃないという考え方が根付いています。トニママだって朝ご飯食べて、お子さんを二人車で学校に送っていって、仕事に行って、迎えに行って、という毎日ですからたくましいお母さんです。

日本はどちらかと言うと、障害児の母は仕事なんかしちゃいけないっていう風潮がまだ強いのかな。

そうかもしれません。ただ、日本も社会が変化してきて、以前のような大黒柱幻想は成り立たなくなりつつありますよね。

障害児への支援が手厚くて親が楽できる面はあるけれど、ある意味ではアメリカ人のほうが厳しいサバイバル競争をしていますね。予算にしても厳しく管理するし。そのためのＩＥＰでもあるんですね。

アメリカのＩＥＰの根っこには、個人主義がありますね。トニママの言うように、日本ではどういうＩＥＰができていくのか楽しみですね。

いったん社会に出てからも、大学に入りなおしやすいのか。

「やり直し」のききやすい社会ですね。そういう社会だから、セラピストが増えるんだなと思いました。エイドだと時給が低くても、大学に通いなおして学位をとったらもっといい時給の仕事につけるとか、単位までとらなくても、たとえば普通クラスの先生が障害児教育の講座をとりにいくこともできるし。

日本の奥様たちが子育て終えてほっとして、韓流スターを追いかけ始めるころ、アメリカでは大学に通いなおしたりする人が珍しくないんですね。自閉のお子さんをお持ちの看護師のお母さんにもお会いしましたが、四十歳過ぎてから大学に通いなおして看護師になり、今もグレードアップのために仕事と学業、そして一人の定型発達のお子さんと一人の自閉のお子さんの子育てをみんなこなしています。しかも大学では、一番年上ではなかったそうですよ。

日本では中年過ぎて、人生経験積んでから先生やセラピストなどにはなりにくいですよね。加配介助とかは、どんな人がなっているのでしょうか？

私の地元では、「はまっ子クラブ」の補助員や個別支援級の介助などに、「お母さん力」を活用しています。私はアメリカのようなやり直ししやすい社会もいいと思う一方で、やはり日本人らしい「この道一筋」みたいなのもやはり大切だと思うので、お母さんとして培ってきた力がもっと社会的に活かせればなあ、と思っています。母業をキャリアにできるような仕組みがあればいいのに、と。

アメリカの専門家の多さは、「自閉っ子療育民営化」や「人材の流動性」、そして「女性の社会進出」に支えられているんだな、っていうことがわかりました。

日本にとりいれたいもの

日本にも日本の良さがありますが、それは大切に育むとして、ニキさんはアメリカの療育から、何を日本に取り入れてほしいですか？

まず、自閉をヘンに深読みしないこと。

なるほど。つまり「自閉がどういうものか」という知識ですね。

身体をよく見ていること。

なるほど。精神の不調に見えても、身体からきていることもあること、定型発達の人とは違った身体感覚・機能を持っていることに注目してほしい、っていうことですね。

診断をニュートラルに受け入れられる精神風土と、それを支えるシステム。

親御さんの診断受容をラクにする行政・周囲の支援ですね。

難しいのかもしれないけど。

でも日本もずいぶん、よくなってきたじゃないですか。

あと、「昔はこんな障害はなかった」っていうのはやめてもらいたい。「子どもたちが野山を駆け回って遊んでいたころは、アスペルガーなんかなかった」って。よく言い出す人いますよね。

そうですね。

生きてるだけでめっけもの

社会性はともかくとしてとりあえず言葉が話せるとか、知的障害が合併していないとか、そういった「目立たない」ケースにまで手をかけろという要求が出てくるようになったのはなぜなんだ、昔はこの程度では騒がなかったではないかといういちゃもんがときどきでてきますよね？

そうですね。

「昔はこの程度では騒がなかった」という言い方には、「今の親は（あるいは子どもは）軟弱になった・贅沢になった」という意味が含まれてるんだろうけど、私は、人間って昔も今も素質は贅沢なんじゃないかと思ってます。贅沢言える環境がなかったら贅沢が発現しないだけで。昔の人が騒がなかったのは、徳が高かったからじゃなく、騒げなかったからにすぎないんじゃないのかな。あるいは、もっと先に騒ぐべきことがあったとか。

　贅沢言える世の中とは、とりあえず命をつなげる世の中だと思うのです。そういう世の中を実現したくて、先人たちはがんばってきたんじゃないんですか？　水あたりは怖いし、腹いっぱい食べたいし、赤ちゃんを死なすのは忍びないし、流行り病は怖いし、だから工夫し、努力してきたんじゃないんですか？　とりあえず食べられるようになった後も、一度は汚した川をきれいにしたり、エンジンの燃費を良くしたり、昔だったら助からなかったような低体重の赤ちゃんも助けられるようになったり、車椅子でも使えるトイレを作ったり、断熱性能の高い壁や窓を作ったり。ヒトって、そうやって工夫しちゃうようにできてる生き物なんじゃないのかな。

「昔はその程度では騒がなかった」というところまでは、そうかもしれないなあと思います。でもそれが、「その程度では騒がなかった昔の方が良かった」になったら、「飢饉と間引きと疫痢と破傷風と結核と口減らし・身売りが恋しいですか?」と意地悪のひとつも言ってみたくなります。まあ、「昔」っていっても幅が広いから（恐竜がいたのも昔なら、のび太の遊ぶ空き地に土管があったのも昔）、相手の想定してる「昔」によっては「間引き」とか「身売り」とかじゃレトロすぎるかもしれないんだけども。ていうか「疫痢って何?」って言われたりして……。

「子どもがたくさん死ななくなったし、生まれたら食べさせることもできるようになって、せっかく生まれた子は大きくなるまで手元で見届けたいと親が思うようになったから」ではいけないんでしょうかね。

たしかに。人は生まれる時代と場所を選べない。でも私自身は、いい時代にいい場所に生まれたと思っているんだけど。日本の自閉っ子も、そう思えるようになってほしいです。

私を産むとき母は切迫流産で、親も子も両方は助からないかも、と言われていたんです。

救急医療とか、衛生状態とか、そういうものが揃わないと私はこの世に生まれなかった。現代の、先進国の恩恵をこうむって生まれてきたんです。だからこそ自分が授かった命は大事にしたいんです。

それに、余裕が出て、条件が許すようになったら、精いっぱいのことをしてやりたくなるのは人情なんだから、そういう親御さんの気持ちをバックアップして欲しいです。

そして、そういう気持ちを持つ余裕のない親御さんにあたってしまった子でも、不利が大きくなりすぎないように、官は最低レベルの保障をがんばってほしいです。そういう親だって、他のことで精いっぱいでそれどころじゃないだけかもしれないし、知識がないだけかもしれないんだから、外的な条件を整えたら一部はそれだけで解決つく部分もあるのではないでしょうか。

親が子どもの障害に向き合わないケースでも、「他のことで精いっぱいなだけなのにその結果一見やる気がなく見えている」のかもしれない。そういうときに整えてあげたらいい外的条件って、子育てや教育じゃなくて「他のこと」かもしれないわけですよね。自分の体調だったり仕事だったりジジババ関係だったり。

親にもキャパがあるしリソースの都合があるから、別のところでの対策が回り回って障害児の待遇に効いてくることってあるんですよね。

だから、福祉や教育以外の分野だって、私はとても大事に思ってます。

当然ながら
アメリカという国は
多民族国家ー
うーん
人それぞれ
違うのが
当り前の社会
IEP（個別教育プログラム）の対象は…
ボディバランスの悪い子供
自閉の子だけではなく
英語が第2言語の子供
天才児でもIEPを受ける権利がある
ふーむ
IEPの対象に
なる子供の幅は
すこぶる広い
「個別の特性に
応じた教育」
ってヤツかな…
これだけ聞くと
"アメリカって
進んでる"
と思いがちだが
なるほど
※この図はイメージ図です
実際には
親どうしの
予算ぶんどり合戦
みたいなことが
起こってくる
なんせ徹底した
契約社会な
わけだからー
根っこにあるのは徹底した個人主義
戦わないと欲しいものは得られない社会…
さよ～なら～
エイドさんが
授業の途中で
帰っても
文句は言えない
IEPで
決まっているんだから…
がんばれニッポン！
日本には日本のいいところがあるよね～

「話せば長いんですけど
私たちの振る舞いには
実は大変浅いワケがあるのです！」

ニキ・リンコ

自閉っ子の行動の「浅いナゾ」に迫る二冊！

読む人が増えれば、理解の輪が広がる本！
自閉っ子の二人が定型発達の編集者にちょっとふしぎな世界観や身

一見不可思議に見える自閉っ子の行動にはこんなリッパな理由があった！ ニキ・リンコが幼いころの思い出話

体感覚を存分に語る。笑えて、少し泣けて、また笑えて大きく納得できる一冊！

自閉っ子、こういう風にできてます！

●ニキ・リンコ、藤家寛子［著］
●1600円＋税
●ISBN4-907725-63-9

を通して内側から見た自閉を、ユーモアをまじえて語る。

俺ルール！自閉は急に止まれない

●ニキ・リンコ［著］
●1600円＋税
●ISBN4-907725-65-5

自閉っ子、
深読みしなけりゃうまくいく

2006年3月31日　第1刷発行
2008年2月23日　第4刷発行

著者　ニキ・リンコ　仲本博子

装画・マンガ　小暮満寿雄

デザイン　土屋 光（Perfect Vacuum）

発行者　浅見淳子

発行所　株式会社 花風社
〒106-0044　東京都港区東麻布 3-7-1-2F
Tel : 03-6230-2808　Fax : 03-6230-2858
E-mail : mail@kafusha.com　URL : http://www.kafusha.com

印刷・製本　中央精版印刷株式会社